KB271016

이방인의 갈릴리

이방인의 갈릴리

2007년 4월 15일 초판 1쇄 발행

엮은이 / 이승호
펴낸이 / 이명권
펴낸곳 / 크리스천헤럴드

등록 / 제 99-1호(1999. 3. 11)
주소 / 서울특별시 광진구 광장동 353
전화 / 446-8391, 446-8399
팩스 / 452-3191
imkkorea@hanmail.net
www.koreanashram.com

ISBN 978-89-87118-40-6

값 9,000원

이방인의 갈릴리

| 이승호 엮음 |

크리스천헤럴드

서문

　성경은 하늘에서 뚝 떨어진 것이 아니라, 하나님께서 인간의 역사와 현장을 통해 계시해 주신 말씀입니다. 따라서 역사적인 이해 없이 성경을 이해할 수 없는 것처럼, 성경의 배경이 되는 성지현장의 이해 없이 성경을 이해하는 것은 한계가 있습니다. 그럼에도 불구하고 전통적인 성경의 역사비평 연구가 오랜 동안 성서지리에 적절한 관심을 기울이지 못한 것은 매우 안타까운 일이 아닐 수 없습니다. 성지현장에 대한 연구들은 성서의 본문을 보충해주기도 하고, 성서 본문이 침묵하는 곳에서 본문의 의미를 새롭게 볼 수 있는 기회를 제공해 주기 때문입니다.

　영남신학대학교의 성지 연구소는 신구약 성경의 배경이 되는 성지를 순례하고, 성지와 연관된 분야를 연구함으로써, 올바른 성서이해와 지역 교회의 발전에 기여할 목적으로 설립되었습니다. 그 동안 여러 차례의 성지답사를 주관하고, 그 경험을 바탕으로 성지에 대한 연구도서들을 발간해 왔는데, 이번에 출간된 『이방인의 갈릴리』는 지난 해 출간된 『성지 연구 - 예루살렘』에 이어 두 번째로 기획된 갈릴리에 대한 연구서입니다. 본 시리즈의 목적은 성지에 대한 단편적인 화보집의 차원을 벗어나서, 성서의 역사와 성지현장을 연결함으로서 성서를 보다 더 입체적으로 이해하는 데 도움을 주기 위한 것입니다. 따라서 집필자들은 모두 전문적인 훈련을 받은 성서학 교수들이지만, 목회자나 신학생뿐만이 아니라, 관심 있는 일반 교인들도 쉽게 접근할 수 있도록 가능하면 전문적인 용어나 개념을 피하려고 하였습니다. 또한 적어도 두 차례 이상의 성지 인솔 경험을 가지고 있기에, 현장에 대한 실제적인 경험들이 이미 그 글 안에 반영되어 있다고 할 수 있습니다.

이 책의 첫 번째 글은 본교에서 구약을 가르치는 허성군 교수가 집필하였습니다. 허성군 교수는 갈릴리가 신약 시대의 예수의 활동 무대로서만 중요성을 지니는 것이 아니라, 구약의 역사에서도 매우 비중 있는 지역임을 설득력 있게 제시하고 있습니다.

두 번째 글은 역시 본교에서 구약을 가르치는 오택현 교수가 집필하였는데, 신구약 중간기의 갈릴리의 역사적 의미에 대해서 적고 있습니다. 오택현 교수는 중간기의 갈릴리 역사가 어떻게 "구약의 역사적 변방 갈릴리와 신약의 역사적 중심지인 갈릴리를 연결시켜주는 다리" 역할을 하고 있는지 잘 보여 주고 있습니다. 오 교수는 개인이 소장한 찌포리(= 세포리스)와 디베랴의 최근 사진들을 함께 제공해 주는 배려도 아끼지 않았습니다.

세 번째 글은 본교에서 신약을 가르치는 필자가 집필하였는데, 신약 시대의 갈릴리의 지리적, 정치적, 사회-경제적, 종교적 상황 등을 차례대로 개괄하고 있습니다. 예수를 이해하는 첫 걸음으로서 갈릴리 지역에 대한 연구가 좀 더 활성화되기를 기대하며 적고 있습니다.

네 번째 글은 본교에서 신약을 가르치는 김춘기 교수가 집필하였습니다. 김춘기 교수는 예수와 갈릴리의 관계를 보다 더 밀접하게 연관시킴으로서, "갈릴리가 지닌 개방성과 독립성, 그리고 예언자성이 예수의 하나님 나라의 사역" 에 얼마나 깊은 영향을 끼쳤는지를 참신하게 밝혀 주고 있습니다.

다섯 번째 글은 본교의 외래 교수인 정창교 박사(신약학)가 집필하였습니다. 정창교 박사는 자료의 빈곤 때문에 단지 추측과 가설로만 언급될 수 있는 갈릴리 공동체라는 비교적 어려운 주제를 다루었는데, 최근까지 진행된 연구의 결과들을 성서 본문을 토대로 알기 쉽게 잘 정리해 주고 있습니다.

마지막으로 본교 성지 연구소의 연구원인 이은성 전도사가 갈릴리 지역에 대한 주요한 사진들을 배열하고, 간략한 설명들을 붙여 놓았습니다. 거기에는 성지 순례 때마다 열심히 뛰어 다니며, 사진을 찍은 그동안의 땀방울이 배여 있습니다.

이 책이 나오기까지 수고하신 분들이 많습니다.

먼저 본 연구소가 지금까지 잘 운영되도록 도우시고, 물심양면으로 배려해주신 진희성 총장님께 감사를 드립니다. 또한 바쁘신 중에도 귀한 글들을 집필해 주신 다섯 분의 교수님들과 사진 작업과 함께 꼼꼼하게 교정을 봐 준 이은성 전도사에게도 감사를 드립니다. 성지 연구소를 위해 늘 관심을 가져주시고, 기도해주시는 동료 교수님들과 모든 성지순례의 동지들에게도 감사의 마음을 전하지 않을 수 없습니다. 끝으로 늘 분명한 소명의식을 가지고 섬겨 주시는 고려여행사의 김춘곤 차장님과 이 책을 기꺼이 출판해 주신 크리스천 헤럴드의 이명권 사장님께도 고마움을 전합니다.

본 연구소에서 발간하는 이 작은 연구 책자를 통하여, 성경의 배경이 되는 성지에 대한 관심이 더 고조되고, 하나님의 말씀을 올바르게 이해하고자 하는 소박한 노력들이 작게나마 결실을 맺기를 기대해 봅니다.

2007년 3월
영남신학대학교 성지연구소장 이승호

C O N T E N T S

서문

01

구약 시대의 갈릴리

긴네렛(Kinneret Lake, כנרת)

* * * 허성군 교수

구약 시대의 갈릴리

긴네렛(Kinneret Lake, כנרת)

허성군 교수[※]

I. 들어가는 말

갈릴리라고 하면 우리 신앙인들은 예수님이 이 땅에 오시어서 활동하시었던 주 무대였음을 너무나 잘 알고 있다. 그러나 이 지역은 신약성서 시대에 예수님의 활동 무대로서의 역할만 우리들에게는 강하게 인상지워져 있다. 따라서 본고는 신약의 갈릴리가 구약에서는 긴네렛으로 불리고 있었다는 사실과 함께 구약에서 긴네렛으로 불렸던 지역과 지명은 구약에서도 역시 신약에서와 못지않게 아주 중요한 역사적 비중을 가지고 있었다는 사실을 성서에 사용된 그 이름들의 실례들을 근거로

※ 영남신학대학교 구약신학 교수

하여 밝혀 보려고 한다.

긴네렛의 지리적 특성은 그 지역이 생겨나고 그 지역을 근거로 하여 사람들이 생을 이어가면서부터 예나 지금이나 동일한 가치와 비중으로 기능한 것으로 보아야 할 것이다. 그러므로 이 지역은 예수님 당시에만 중요했던 곳이 아니라, 그 이전부터 그리고 그 이후에도 그 지역을 배경으로 하여 생을 이어가는 사람들에게는 동일한 중요성과 특성으로 작용하게 되는 것이다. 어느 정도 크기의 규모를 가진 자연적인 호수를 배경으로 하여 호반이 갖는 천연적인 특성이야 물을 생명의 근원으로 하여 살아가는 모든 생명체에게 중요한 기능을 하게 되는 것이다. 호수로 흘러들어오는 물과 호수에서 빠져 나가는 물길이 있을 터이고, 그러한 물길 따라 서식하는 땅에 낮게 자라는 다양한 풀들로부터 크게 자라나는 나무들, 이러한 식물들을 먹이로 하는 다양한 곤충들, 또한 이들을 먹이로 하는 새와 고기들이 생겨나게 된다. 호반에는 역시 물이 넉넉함으로 그 지역의 기후에 맞는 다양한 식물군이 자라나게 될 것이고, 이렇게 자라나는 식물들을 배경으로 하여 다양한 생명체들이 서식하는 생태계가 형성되어 있었을 것이다.

사람들이 모여 살 수 있는 여건이 자연적으로 형성되어 있었던 것이다. 갈릴리와 갈릴리 호수 주변은 이러한 호수가 갖는 일반적인 지리적 특성을 가진 곳이었다. 이 호수를 발원지로 하여 흘러 내려가는 물길 따라 형성되는 요단강과 그 강의 동서변 일대는 계절에 따라 유량의 변화가 있었고, 유량의 변화에 따라 그 강의 폭은 좁아지고 넓어지기도 하였다. 이 강의 동편지역을 요단 건너 지역(Trans Jordan)이라 불렀으며, 이 일대는 이스라엘 백성들이 출애굽한 이후 모세의 영도하에 최초로 군사적으로 점령 분배한 지역으로서 르우벤, 갓, 므낫세 반지파 사람들에게 기업으로 건네준 지역이었다.

II. 갈릴리(긴네렛)의 이름에 대하여

팔레스틴 땅의 북부지역이며 담수호를 가진 갈릴리 지역에 대한 명칭은, 구약성서에서는 주로 긴네렛으로 불리웠는데 이 이름이 탈굼역 성서에서는 기네살, 게네살, 혹은 게노살로 불린다. 이것을 또다시 헬라어로 번역하면서 게네살(Γεννησαρ), 게네사렛(Γεννησαρετ)으로 불리웠음을 BDB사전을 통해 알 수 있다. 긴네렛으로 불린 이 이름이 때로는 갈릴리로 불리기도 하는데, 그러한 경우들을 구약성서의 본문들 중에서 찾는다면 왕하 15:29, 사 9:1(MT 8:23하 요단 저편 이방의 갈릴리를 עֵבֶר הַיַּרְדֵּן גְּלִיל הַגּוֹיִם׃)절에서 볼 수 있기도 하다. 이 갈릴리란 이름은 이스라엘 북부지역 중 스불론 땅과 납달리 지파들에게 할당된 지역을 일컫는 말로서, 구약성서에서는 주로 긴네렛으로 불렸던 곳이며, 호수(바다)명으로서도 역시 긴네렛으로 불리었다. 그러다 구약의 어느 시점에서부터 그리고 신약성서시대에 이르러서는 이 지명 일대가 갈릴리란 이름으로 불렸다. 긴네렛이 갈릴리란 이름으로 불리기 시작한 정확한 시점은 왕하 15:29절의 내용과 사 9:1 (MT 8:23하)에서 볼 수 있다 해도 이 용어의 사용 시기는 언제인지 구약성서에서는 밝힐 수가 없는 것이다. 하지만 긴네렛에서 갈릴리로 다시 이것이 게네사렛으로, 그러다가 로마 통치 시대에 이르러서는 이 호수 서편 해변에 로마 황제 디벨리우스를 기념하는 새로운 도시 디베랴를 건설하면서 이 일대는 디베랴 지역으로, 호수는 디베랴 호수로 불리 웠을 것이다. 그리고 이 호수의 동남쪽 편의 거주 지파는 갓 지파이며, 이 지파와 아울러 요단 동편 거주지파로는 갓 지파보다 남쪽에 있었던 르우벤 지파, 그리고 갓 지파 북쪽지역을 차지한 므낫세 반 지파를 들 수 있다. 이들 지파들은 모두 다 갈릴리(긴네렛) 호수지역과 요단강과 밀접한 관련을 갖는다고 할 수 있는 것이다. 이 호수의 동쪽과 북부지역은 바산으로도 불렸으며, 바산 지역의 남동쪽으로 길게 그리고 넓게 퍼진 지역들을 길르앗 지역이라 불렀다. 그리고 이들 지역 전체를 요단 동편지역들이라 불렀던 것이다.

이러한 용어들의 실례들을 통하여 결론적으로 말할 수 있는 것은 긴네렛은 호수 연안의 한 성읍 내지 호수를 중심한 일대를 지칭하는 용어였다고 할 수 있다. 그렇다면 갈릴리란 긴네렛 호수를 포함한 보다 광범위한 영역을 언급하고 있는데, 보다 세밀하게 말한다면 호수 서남쪽 일대의 광범위한 영역을 지칭하는 용어로 사용되었다고 할 것이며, 이 일대는 납달리 지파와 스불론 지파들에게 기업으로 할당된 영역이었다.

그러므로 갈릴리라고 한다면 호수와 요단강을 중심으로 그 동쪽과 서쪽 지역으로 나누어 보았을 때에 호수 서편과 남편, 그리고 요단강 서편 지역 산악지대 및 구릉 지대를 일컫는 용어였다고 할 것이다. 갈릴리 북동쪽 지역에 자리한 천연적인 담수호 그것이 긴네렛 호수요 갈릴리 호수인 것이다.

갈릴리 호수의 크기와 성격은 이스라엘 땅에 있는 가장 큰 담수호로서 고대로부터 이 지역은 사람들의 주거 흔적이 남아 있었다. 호수 주변은 농사와 어업이 예로부터 발달되었으며, 이스라엘 사람들이 들어오기 전의 북동편 언덕 지역에는 아모리 왕 시혼의 지배 영역 이었다. 그러던 것이 여호수아 13장 24절에서 27절의 기록에 따르면, 모세가 이 지역을 갓 지파 사람들에게 거주지로 넘겨주었으며, 길르앗으로 불렀다. 동시에 지금은 골란 고원 지대로 불리고 있다. 서양의 배 모양으로 생긴(pear like shape) 호수의 남북 길이는 23km, 동서로 가장 긴 길이는 16km, 전체 호수 면적은 165평방 km이며, 호수면의 해발은 지중해 해면 대비 년 평균 해발 -213m이고, 가장 깊은 수심은 호수 중앙에서 북동쪽 지역 인데 그 수심이 44m에 이른다. 호수 남동편으로는 야르묵 강이 호수로 계속해서 흘러 들어오며, 호수의 남서쪽에서는 요르단 강으로 흘러 보내 는 강의 발원지가 자리하고 있다. 이 호수는 고래로부터 수많은 철새들 의 도래지임과 동시에 중간 기착지로서의 기능과 역할을 담당하기도 한다. 이 호수의 호반 길이는 대략 50km 정도 되는 길이를 갖는다.

미카엘 아비 요나와 에프라임 오르니(Michael Avi-Yonah, Efraim Orni)가 유대 백과사전에 갈릴리 호수의 역사에 대하여 기술한 내용을 보면 아래와 같다.

"긴네렛 호수는 예전부터(선사시대 때부터) 물이 풍부하고 기후가 온난하 고 호수 주변의 땅이 비옥하고 물고기가 풍부하여서 선사시대 때부터 사람들에게 유명했다. 호반에서 멀지 않은 곳에서 우바디야 시대 때부터의 유적이 남아 있다. 신석기 시대에는 호수(긴네렛) 주변의 사람들이 농업에 종사했다(괭이를 이용한 농업활동이었음). 초기 청동기 시대에는 당시 존재했던 가나안 주변의 몇몇 큰 도시들의 흔적이 발견되기도 했는데, 특히 60acre크기의 'Bet Yerah'가 대표적이다. 긴네렛 호수 연안을 통과하는 바다길(Via Marism, Maritime Route, 이집트에서 시작하여 지중해 해변 길을 거쳐 이즈르엘 평원과 갈릴리 호수 남단을 지나 다메섹으로 이어지는 바다길)은 호수주변의 호반기슭의 도시들을 부유하게 해주는 계기가 되었다. 고대 이집트의 문서들은(Papyrus Anastasi I) 호수 연안의 온천들과 호수로부터 오는 이점들에 대해서 언급하고 있다."

성경에서 긴네렛 호수는 땅의 경계를 나타내는 중요한 역할을 하였다. 이 호수는 시혼왕의 아모리 땅의 국경이었다(신명기 3:17). 그리고 긴네렛 호수의 서쪽 연안은 납달리 지파의 땅이었으며 Hammath, Rakkath, and Chinnereth 등의 납달리 지파 주요 성읍들은 이 연안의 제방에 위치해 있었다. 호수 동쪽 연안의 대부분은 므낫세 지파의 땅이었으며, 갓 지파는 호수의 남쪽 연안까지 기업을 확장하였다(여호수아 12:3, 13:27). 다윗 왕 때에 "Geshur"는 호수의 북동쪽 해안선의 한 부분을 차지하고 있었으며, 남북 왕국 분열 후 이스라엘 왕들은 호수의 동쪽 연안을 차지하기 위해 아람 왕들과 전쟁을 치러야했다(특히 오므리 왕 때에 이 지역의 우위를 확실히 했다).
　주전 732년에 디글랏빌레셀 3세는 이스라엘로부터 긴네렛 호수를 빼앗은 후, Karnaim에 할당하였다(왕하 15:29). 그리고 페르시아와 헬라 시대에는 호수의 서쪽 지역이 왕실의 소유지였다. 이집트 프톨레마이오스 왕조 때에는 그들의 행정 중심 기구 중 일부를 긴네렛 호수 연안에 건설하였다(예를 들면 Philoteria, Susitha;Hippus). 시의 구역 일부는 이 호수의 동쪽 연안을 경계로 하였다. 그 후 하스몬 왕조의 통치 때에는 이 호수 전 지역에 유대인이 거주하였다.

헤롯은 주전 30년에 Hippus를, 주전 20년 때에는 Gaulan을 이어받았고, 그의 아들들인 안티파스와 필립은 해안에 디베랴와 율리아스(벳세다)를 건설하였다. 헤롯 안티파스 시기에 이 바다는 예수의 중심 활동지가 되었다. 로마 통치 때에 서쪽 연안과(디베랴) 동쪽의 일부 지역은 (골란) 유대인들의 거주지이었던 반면, 그 외에는 이방인들이 거주하였다. 그 후 호수의 전 지역은 Palaestina Secunda지방에 귀속되었다.

비잔틴 시대에는 많은 교회들이 긴네렛 호수의 연안에 건설되었다(Heptapegon, Capernaum 등). 그리고 아랍 통치 후에 이 교회들은 그 지역에 그대로 남게 되었다(대신 그 지역의 이름이 아랍 통치 후 "요르단" 이란 이름으로 바뀌었다). 십자군들은 호수의 서쪽 연안을 확실히 차지하였고, 동쪽 지역을 확보하기 위해서 끊임없이 싸웠다. 맘물룩 시대에는 이 호수가 Safed지역에 포함 되었고, 터키 시대에는 악고의 파살릭에 소속되었다.

20세기 초엽에는 유대인 정착 마을들이 호수 서편 근처에 건립되었으며, 호수의 남편에는 믹달, 긴네렛, 드간야 등의 유대인 정착마을들이 건립되었다. 영국이 팔레스틴을, 그리고 프랑스는 시리아를 위임통치하고 있었을 때에 이들 사이의 경계선은 호수 전체와 호수 동편 호반의 절반, 남쪽 지역 호반으로부터 1.8~3.5km까지의 영역과, 북 동쪽 벳세다 계곡을 따라서 호반에서 10m 정도 거리의 영역을 영국령으로 하였다. 이러한 위임 통치 때에 호수의 서쪽과 남쪽지역에서는 유대인 정착 마을들이 강화되었고, 호수 동편에는 Ein Gev kibbutz가 건립되었다. 여기는 두 개의 다른 키부츠 들이 건립됨으로서, 이 지역에 있는 호수에서 유대인들은 고기잡이와 유람선과 관광산업을 발전시킬 수 있었다.

1948년 이스라엘의 독립 전쟁이후 비록 Ein Gev 지역을 비무장지대로 선언했지만, 이스라엘과 시리아 사이의 국경선은 불변으로 남아 있었다. 초기 독립 국가 시대에 유대인 정착마을이 증가되고 있었다(남동지역에 마아간, 하 온, 텔 카질, 북부지역에는 알 마골 등의 정착 마을들이 증가되고 있었다). 1964년에 이스라엘은 긴네렛 호수를 이스라엘의 수자원 지역으로 선포하였고, 이스라엘 남단 네게브 지역의 농업용수로 사용하기 위하여 호수 북서쪽지역에 거대한 펌핑장으로 호수의 물을 끌어 올렸다. 이에 대해 시리아의 저항이 증대 되었고, 이러한 긴장과 마찰은 1967년 육일전쟁의 원인이 되었다. 6일 전쟁 이후 이스라엘이 골란 고원을 점령하고서부터 시리아와의 국경선이 호수에서 골란 고원으로 옮겨지게 되었다. 이후 이 갈릴리 호수는 이스라엘의 내국 호수가 되었다.

III. 긴네렛과 관련된 성서 본문들

1. 명칭과 관련하여

1) 긴네렛을 바다로 보는 본문

가. 민 34:11~12

11 그 경계가 또 스밤에서 리블라로 내려가서 아인 동편에 이르고 또 내려가서 긴네렛 동편 해변에 미치고

12 그 경계가 또 요단으로 내려가서 염해에 미치나니 너희 땅의 사방 경계가 이러하니라

나. 신 3:16~17

16 르우벤 자손과, 갓 자손에게는 길르앗에서부터 아르논 골짜기까지 주었으되 그 골짜기의 중앙으로 지경을 정하였으니 곧 암몬 자손의 지경 얍복강까지며

17 또는 아라바와 요단과 그 가요 긴네렛에서 아라바 바다 곧 염해와 비스가 산록에 이르기까지의 동편 지경이니라

다. 수 12:3

3 또 동방 아라바 긴네롯 바다까지며 또 동방 아라바의 바다 곧 염해의 벧여시못으로 통한 길까지와 남편으로 비스가 산록까지며

라. 수 13:24~27

24 모세가 갓 지파 곧 자손에게도 그 가족을 따라서 주었으니

25 그 지경은 아셀과 길르앗 모든 성읍과 암몬 자손의 땅 절반 곧 랍바 앞의 아로엘까지와

26 헤스본에서 라맛 미스베와 브도님까지와 마하나임에서 드빌 지경까지와

27 골짜기에 있는 벧 하람과 벧 니므라와 숙곳과 사본 곧 헤스본 왕 시혼이 나라의 남은 땅 요단과 그 강 가에서부터 요단 동편 긴네렛 바다의 끝까지라

2) 긴네렛을 도시명(성읍)으로 언급하는 본문

가. 수 19:32~37

32 여섯째로 납달리 자손을 위하여 납달리 자손의 가족대로 제비를 뽑았으니

33 그 경계는 헬렙과 사아난님의 상수리나무에서부터 아다미 네겝과 얍느엘을 지나 락굼까지요 그 끝은 요단이며

34 서편으로 돌아 아스놋 다볼에 이르고 그곳에서부터 나가 훅곡에 이르러는 남은 스불론에 접하였고 서는 아셀에 접하였으며 해 돋는 편은 유다에 달한 요단이며

35 그 견고한 성읍들은 싯딤과 세르와 함맛과 락갓과 긴네렛과

36 아다마와 라마와 하솔과

37 게데스와 에드레이와 엔 하솔과

※ 호수 서 남편 지역 일대를 가리키고 있다.

나. 왕상 15:20

20 벤 하닷이 아사왕의 말을 듣고 그 군대장관들을 보내어 이스라엘 성들을
치되 이욘과 단과 아벨 벧 마아가와 긴네렛 온 땅과 납달리 온 땅을
쳤더니

※ 이는 유다의 아사 왕이 북 이스라엘 왕 바아사의 침공을 받았으므로 이들의 군사 작전을
되돌리기 위해 아람 왕 벤 하닷에게 군사적 도움을 요청하였고, 이에 응하여 남쪽으로 진군하고
있는 바아사의 군대를 회군시키기 위해 아람 왕 벤 하닷이 북 이스라엘의 북부지역들을
침공해 들어 온 것을 기록해 둔 본문이다.

3) 긴네렛을 특정 지역으로 언급하는 경우

가. 수 11:1-2

1 하솔 왕 야빈이 이 소식을 듣고 마돈 왕 요밥과 시므온 왕과 악삽 왕과
2 및 북방 산지와 긴네롯 남편 아라바와 평지와 서방 돌의 높은 곳에 있는
왕들과

그러므로 긴네렛은 긴네렛 호수를 중심으로 호수 서남방 지역(납달
리 아셀)과 호수 북동편 지역(므낫세 반, 단), 호수 동편과 그 남편
일대 아르논 강까지의 일대를 갈릴리 지역으로 불렀던 것을 보게 된다.
특히 호수 동편 지역은 요단 건너 지역이라 하여 르우벤, 갓, 므낫세
반 지파들에게 나누어 준 땅 일대를 역시 갈릴리라 지칭하기도 하였던
것이다.

2. 요단 동편 거주민들의 역사에 대한 본문들

1) 땅의 점령과 분배시의 역사(민 21, 민 34, 신 2:26~37, 3:1~17, 4:40~44, 수 12:1~6, 수 13, 대상 5장, 수21장, 대상 6장)

요단 동편 땅의 점령과 분배는 모세의 영도 하에 진행된 역사임을 분명하게 드러내 주고 있는데 이는 이스라엘 백성들의 광야 생활이 끝나고 새로운 땅의 점령과 분배 및 정착생활의 시작의 기점이 모세의 지도하에서 된 일임을 분명하게 보여주고 있다 할 것이다. 이러한 점령을 바탕으로 하여 요단 서편 가나안 땅의 점령도 얼마든 가능한 것임을 본보기로 보여주는 점령으로 인식케 하여, 가나안땅의 점령의 기폭제로 설명하고 있음을 보게 된다.

이에 비해 수 21장1~42(대상 6:54~81)에서는 이스라엘 자손들이 지파별로 레위계 가족들에게 그들이 점령 차지한 땅을 나누어 주는 내용을 기록해 두고 있는데, 27~40에서는 다시 레위계 가족별로 지파들에서 나누어준 성읍들을 다루고 있다. 그런데 여기의 내용 중 요단 동편 지역과 관련된 내용을 살펴보면, 27~33(대상 6:71~81)절에서는 레위가족의 게르손 자손들에게는 므낫세 반 지파에서와 잇사갈 지파, 아셀 지파에서 13성읍을 주었고(27절-레위가족의 게르손 자손들에게는 므낫세 반 지파 중에서 살인자의 도피성 바산 골란과 그들을 주었고, 또 브에스드라와 그들을 주었으니 두 성읍이요), 34~40절에서는 레위사람 므라리 가족들에게 준 것이 스불론 지파, 르우벤 지파, 갓 지파에서 저들에게 거주할 성읍으로 모두 12성읍을 주었다고 한다. 그리고 이러한 내용 중 36~37절에 보면 "르우벤 지파 중에서 준 것은 베셀과 그들과 야하스와 그들과 그데못과 그들과 므바앗과 그들이니 네 성읍이요"라고 하고 있고, 38-39에서는 "갓 지파 중에서 준 것은 살인자의 도피성 길르앗 라못과 그들이요 또 마하나임과 그들과 헤스본과 그들과 야셀과 그들이니 모두 네 성읍이라"이라고 한다.

역대상 6:54-81까지에는 이스라엘 백성들이 레위인들에게 지파별로 나누어 준 성읍들을 언급하고 있는데, 이는 여호수아 21장의 내용과 유사하지만 여기의 설명에 의하면 71, 78, 80절을 보면 71절에서는 "게르손 자손에게는 므낫세 반 지파에서 바산의 골란과 그들과 아스다롯과 그들을 주었고", 77~79절에서는 므라리 자손의 남은 자에게는 스불론 지파와 르우벤 지파와 갓 지파 중에서 성읍들을 주었다고 하는데, 78~79절에서는 "또 요단 건너 동편, 곧 여리고 맞은 편 르우벤 지파 중에서 광야의 베셀과 그들과 야사와 그들과 그데못과 그들과 메바앗과 그들을 주었고", 80~81절에 의하면 또 "갓 지파 중에서 길르앗의 라못과 그들과 마하나임과 그들과 헤스본과 그들과 야셀과 그들을 주었더라"고 한다.

여기 두 곳의 본문 내용을 종합하여 두 곳에서 일치하는 내용을 살펴보면, 므낫세 반 지파에서 바산 골란을(역대기: 요단 건너 동편, 곧 여리고 맞은 편), 르우벤 지파에서는(역대기: 광야의) 베셀과 그들과 야사(여호수아: 야하스)와 그들과 그데못과 그들과 메바앗(여호수아: 므바앗)과 그들을 주었고, 갓 지파 중에서 준 것은(여호수아: 살인자의 도피성) 길르앗 라못과 그들이요, 또 마하나임과 그들과 헤스본과 그들과 야셀과 그들이니(여호수아: 모두 네 성읍이라)라고 하고 있다.

요단 동편 거주 지파인 2지파 반(르우벤, 갓, 므낫세 반)지파의 거주 지역들은 지리적으로 볼 때에는 지역상 갈릴리 호수 지역과 인접한 성읍들도 있고, 멀리 떨어진 성읍들도 있으나 갈릴리 호수를 발원지로 하여 흐르는 요단강이라는 입장에서 볼 때에는 모두 다 서로 긴밀한 관련성을 갖는다고 할 것이다. 특히 요단 동편지역을 발원지로 하여 요단계곡으로 흘러드는 강을 볼 때에 북으로 야르묵강과 그 아래로 얍복강을 보면 이들 강도 역시 요단강과 밀접한 관련을 가진다. 그러므로 이러한 점을 고려할 때에 요단 동편 거주 지역 사람들은 갈릴리 호수와 요단강과의 관련을 떠나 생각할 수 없을 것이다.

2) 왕상 15:20

20 벤 하닷이 아사왕의 말을 듣고 그 군대장관들을 보내어 이스라엘 성들을 치되 이욘과 단과 아벨 벧 마아가와 긴네렛 온 땅과 납달리 온 땅을 쳤더니

3) 왕하 10:32~33

32 이 때에 여호와께서 비로소 이스라엘을 찢으시매 하사엘이 그 사방을 치되

33 요단 동편 길르앗 온 땅 곧 갓 사람과 르우벤 사람과 므낫세 사람의 땅 아르논 골짜기에 있는 아로엘에서부터 길르앗과 바산까지 하였더라

4) 왕하 15:29

29 이스라엘 왕 베가 때에 앗수르 왕 디글랏 빌레셀이 와서 이욘과 아벨벳
마아가와 야노아와 게데스와 하솔과 길르앗과 갈릴리와 납달리 온 땅을
취하고 그 백성을 사로잡아 앗수르로 옮겼더라

2) 대상 5장

역대기1~9장은 역대기서 전체의 서론이라 할 수 있는 내용의 글들로
서 주로 계보 중심의 글들인데, 여기 이러한 내용의 글들 가운데 대상
5장에는 요단 동편 거주 지파들이 앗시리아의 디글랏 빌레셀에게 포로
로 끌려간 역사까지 언급함으로서 요단동편 거주민들의 역사적 결과를
우리에게 건네주고 있다.

요단 동편 거주 지파들의 역사에 대한 독립적인 기술로서는 민 34장과
수 13장 등을 들 수 있는데, 이들의 내용은 요단 동편 점령과 분배에
초점을 맞추고 있다. 그러나 역대상 5장에서는 그들의 역사의 시작과
끝날 때까지의 역사를 기술하고 있다는 점에서 요단 동편 지파들의
전체 역사를 여기 한 장에 집약해 놓았다고 해야 할 것이다.

3. 이스라엘 백성들과의 지리 역사적 관계성

이들 지역이 이스라엘 역사에서 처음으로 언급 된 것은 이스라엘 백성들이 출애굽 이후 가나안 땅을 점령할 때에, 그들에게 분배된 지역의 북부지역 경계에 처음으로 나타나기 시작하여(민 34:11) 모세의 요단 동편지역 점령과 깊은 관련을 가진다. 또한 요단 동편 땅을 분배 받은 르우벤, 므낫세, 갓 지파 사람들의 거주 영역과 관련을 가지며, 열왕의 통치시대에는 이들 지역 중 일부는 길르앗라못 지역으로 불렸던 곳이기도 한데 바로 이 길르앗 전 지역은 갓 지파 사람들에게 모세가 거주지로 주었다고 기록하고 있다(수 13:24~27). 그러므로 이 길르앗 지역은 아합 왕 통치부터(왕상 22장) 아합의 아들 여호람 통치까지(왕하 8장) 아람족과의 영토 분쟁이 매우 잦았던 지역이기도 하였던 것이다.

그러므로 이들 지역은 정치 군사 지리적으로 매우 중요한 요충지였으며, 토양은 목축에 매우 유리한 지리적인 특성을 가지고 있었다. 그리고 정치 군사적으로는 이스라엘과 아람족 그리고 그 후에는 북방의 지배자들과의 분쟁이 있을 때에 완충지로서의 기능과 역할을 담당 했던 곳으로 여겨진다. 그러므로 자연히 이스라엘과 이 땅을 인접해 있는 아람족과의 영토 분쟁이 끊이지 않았던 것이다.

갈릴리 지역이라 할 경우 이스라엘 땅을 남에서 북으로 나누어 볼 때에, 가장 남쪽지역을 네게브 지역 혹은 유다 땅이라 한다면, 이들 지역 보다 북부지역을 므낫세 에브라임 지역, 세겜을 거점으로 하여 그 일대와 이북지역을 사마리아 지역, 이 지역이 끝나는 곳에서부터 이즈르엘 골짜기를 경계로 하여 그 이북지역 일대를 갈릴리 지역이라 부른다.

갈릴리 지역에 위치한 호수를 갈릴리 호수라 한다. 이 호수 동서편 일대를 둘러싼 지역은 여러 면에서 고대로부터 지리적 생산성이 높은 곳이었으며, 군사전략적으로도 매우 중요한 지역이었으므로 앗수르에 가장 먼저 점령 되어 포로로 끌려 간 곳이 바로 이 지역 주민들이었다.

이스라엘 백성들에게 있어서 요단 동편 거주민, 즉 갈릴리 동편 지역 주민들과 그 땅에 대한 관심은, 성서의 내용을 조금만 관심 있게 바라보면 놀라울 정도로 많은 내용을, 그리고 오랜 역사적 과정을 걸쳐서 기록으로 건네져 오고 있음을 보게 된다.

4. 이 땅을 지키기 위한 노력들(왕상22장,대하18장)

1) 길르앗 라못 땅을 지키기 위한 아합 왕과 여호사밧 왕의 연합작전

왕상 22장과 대하 18장에서 전하는 북이스라엘 왕과 남유다 왕과의 연합군과 아람 왕과의 길르앗 라못 전투는 아합 왕의 전사로 패배한 전쟁이 되지만, 이 땅에 대한 지배 소유권에 대한 이스라엘 백성들의 공통된 인식이 있었기에 남북왕조의 연합군을 쉽게 형성할 수 있었으리라 여겨진다.

북왕국의 오므리 왕조시에는 남북 왕조의 상호협력시대이긴 하였으나, 이들이 상호 협력할 수 있었던 것은 여러 가지 요인이 작용할 수 있었을 것이다. 그 중에 하나로서 남북이 처음 갈라지게 되면서 시작된 남북간에 긴장과 갈등은, 시간이 지남에 따라서 더 이상 같은 동족간에 긴장과 갈등을 계속 이어갈 것이 아님을 깨닫게 되었을 것이고, 남북간의 긴장과 갈등이 어느 정도 소강상태를 맞게 되었을 것이다. 그리고 남북 쌍방 간에 서로의 체제를 인정하면서 공동 번영의 길로 나아가야 할 필요성을 느끼게 되었을 것이다. 이와 같은 남북 공통의 과제에 대해 힘과 지혜를 모아야 할 필요에 뜻을 같이 하게 됨으로서, 이제는 남과 북이 함께 자신들의 공통의 적에 대한 효과적인 대응을 하는 것이야말로 공동번영의 길임을 자각하게 되었을 것이다. 그렇기에 남북이 군사동맹을 결성하여 아람사람의 수하에 놓여 있는 선조들의 영토를 되찾기 위한 군사적 대응에 뜻을 함께 모을 수 있었던 것이다.

이는 남북이 갈라선 이후 처음으로 군사적 동맹을 형성하게 된 역사적 사건이었는데, 이러한 군사적 동맹을 결성할 수 있게 된 배경에 요단 동편 땅에 대한 남북 공통의 동일한 지배 소유 인식을 배경으로 하고 있다는 것이다. 요단 동편 땅의 지배 소유권은 아직 남북 어디에도 소속되지 않았던지, 아니면 북의 소속이었다 하더라도, 적어도 그 땅에 대한 지배권이 이스라엘이 아닌 아람에게 넘어가 있다는 사실에 대해서는 남북왕조 모두가 해결해야 할 공동의 과제로 인식하고 있었음을 볼 수 있는 것이다. 즉, 요단 동편 땅에 대한 이스라엘 백성들의 공통된 영유권에 대한 인식을 전제로 해야만 길르앗 라못 전투를 바르게 이해하게 될 것이다.

2) 여호람 왕 대 아람 작전(왕하 9장)

북 이스라엘의 오므리 왕조의 마지막 왕인 아합의 아들 여호람 왕 시대에도 아람왕 하사엘이 길르앗 라못 지역을 침투해 들어옴으로 그것을 방어하기 위해 군사작전을 펼쳤다. 그러나 그러던 중 여호람 왕은 상처를 입었고, 이즈르엘로 돌아와 치료하고 있었을 때에 자기 휘하의 군장 예후의 반란을 맞게 된다. 북 이스라엘의 왕조사에 있어서 결정적인 반란 사건이 일어나게 된 배경에도 길르앗 라못 지역을 둘러싼 전투가 자리하고 있다는 사실은 관심 있게 살피지 않으면 쉬이 놓치게 되는 사실일 것이다.

3) 왕하 10:32~33

성서는 예후의 28년 통치 기간 중 거의 통치가 끝나갈 무렵에 요단 동편 땅을 빼앗긴 것으로 말하고 있는데, 이 땅은 예후의 손자 여로보암 2세 때에 가서야 회복한 것으로 기술하고 있다(왕하 14:25). 적어도 이 땅은 오므리 왕조의 아합 왕 시대부터 그의 아들 여호람 때에도, 그리고 예후 왕조 통치 시에는 예후 때에 아람 왕 하사엘에게 빼앗겼으나, 예후의 손자 되는 여로보암 2세 때에야 그 지역을 회복했다고 함으로서 이 땅의 지배 점령을 두고 아람과의 긴 전쟁이 있었음을 우리에게 알려주고 있다. 특히 왕하 14:25절에 의하면 이 땅의 회복은 이스라엘 왕국의 존속과 직결되어 있음을 말하고 있다. 요단 동편 땅을 적국에 내어주고서는 이스라엘의 정치 군사적 안정을 기대 할 수 없음을 보여주는 대표적 본문이라 할 것이다.

4) 왕하 15:29

29 이스라엘 왕 베가 때에 앗수르 왕 디글랏 빌레셀이 와서 이욘과 아벨벳
마아가와 야노아와 게데스와 하솔과 길르앗과 갈릴리와 납달리 온 땅을
취하고 그 백성을 사로잡아 앗수르로 옮겼더라

※ 성서에 나타난 디글랏 빌레셀은 디글랏 빌레셀 3세이며(B.C 745~727), 이 사건의 역사적
시기는 B.C 732년으로 본다. 그리고 이 후(페르시아와 헬라 통치 시), 호수 서편 지역들은
왕실 영지(royal estate)였다고 한다.

이 땅(요단 동편 땅을 포함한)을 앗수르왕 디글랏 빌레셀 3세에게
점령당한 후 불과 10~11년 정도 경과한 후에, 북이스라엘 전체가 앗수르
왕 살만에셀에게 몰락하고 만다. 이는 이 지역의 상실은 곧 바로 정치
군사적 방어망의 구축이 불가능함을 보여주는 것으로서, 머지않아 북이
스라엘의 전체적인 몰락의 서막으로 볼 수도 있을 것이다. 이 지역에
대한 안정성의 확보가 나라 전체의 안정과 얼마나 밀접한 관련을 갖는지
를 보여 주는 것으로 읽을 수 있을 것이다. 이스라엘의 정치 군사적
안정은 요단 동편 땅의 지배 점령이 누구의 손에 있느냐에 의하여 나라의
명운이 갈리게 되는 것으로 보아야 할 것이다. 이 지역은 출애굽 이후
광야 생활의 끝자락에 모세에 의해서 점령되고 배분된 것이기는 하지만,
모세는 가나안 땅에 한 번도 들어가 살아본 경험도 없는 사람이었다.
그럼에도 그는 벌써 이 땅의 정치 군사적 중요성을 일치감치 내다 본
것이라 해야 할까?

예후(Jehu)왕조 (왕하 9:1~15:8~12)
〈--예후(28년)--여호아하스(17년)--요아스(16년)--여로보암(41년)--스가랴(여섯달 치리)
왕하 14~15장 - 예후의 집안에서 102년간을 다스림.

이 기간 동안의 남쪽 왕들은
아달리야(6년)--요아스(12:1,7세,40년)--아마샤(14:1,25세,29년)--웃시야(15:1,16세, 52년)
예후왕조 102년간은
아달리야 6년 + 요아스 40년 + 아마샤 29년 + 웃시야 재위 27년 = 102년이 된다.

5. 역대상 5장에 나타난 요단 동편 거주민들의 역사에 대한 기록

역대상 5장에서는 이스라엘 백성들의 여러 계보들을 소개 하는 본문(대상 1~9장)들 가운데서, 요단 동편 거주 지파 사람들의 계보와 그들의 역사를 집중적으로 기술한 것을 보게 된다. 역대기는 이스라엘 역사의 말미에 그들의 역사를 과거의 자료들을 바탕으로 하여 새로이 기술해 놓은 책이다. 바로 이 역대기 1~9장 안에는 성서에 나타난 이스라엘 역사 전체를 말하고 있는데, 아담에서 시작하여(1장) 바벨론 포로에서 돌아 와서 예루살렘에 거주한 사람들까지 말함으로서(느헤미야 1~6장) 이스라엘 역사의 최종적인 역사(9장)까지 다루고 있다. 그런데 역사적 내용을 계보 중심으로 기술해 둔 여기에다가, 5장에서 요단 동편 거주민들의 계보와 역사를 기술해 둔 것을 보면 이스라엘 백성들의 요단 동편 거주 역사에 대한 애정과 집착을 읽게 된다. 이들은 바벨론 포로에서 돌아온 후에, 하나님이 모세를 통해 그들에게 처음으로 허락해 주신 기업이자 땅이었던 요단 동편 땅을 지배하고 거주하였던 역사를 자신들의 역사의 일부로 명확하게 기술 해 둠으로서 요단동편 땅에 대한 저들 소유권을 잊어버리지도 않았고, 포기하지도 않았으며, 그 지역 그 땅의 역사적 소유관계를 역대기에다 다시 한 번 명확히 밝혀 놓고 있는 것이다. 역사의 변환기에 설 때마다 그들은 조상 때부터 전수되어 왔던 땅에 대한 중요 내용들을 가감 없이 계속적으로 기술하였고, 이로써 그 땅의 소유 관계에 대한 사실적 인식을 결코 놓치지 않고 있는 것이다.

이는 마치 신 2:26~37, 3:1~17의 본문에 요단 동편 땅의 점령 소유관계를 명확하게 기술 해 둔 것에 견줄 만하다. 신명기서의 이 부분에 대한 기술 연대가 학자들이(성서가 아닌) 말하는 신명기서의 일반적 기술 연대와 일치 한다고 하면, 이도 역시 바벨론 포로기에 기술해 둔 내용으로 보아야 할 것이다. 바벨론 포로기라는 역사적 시점에서도 그들은 요단 동편 땅의 점령, 분배에 대한 내용을 과거부터 전해 오는 전승대로 기술 해 둔 것으로 보아야 할 것이다. 그 땅에 대한 선조들의 소유관계를 후손들이 당면한 역사적 현실 때문에 포기하거나 외면하지 않고 있다는 사실을 여기서도 분명히 보아야 할 것이다.

이러한 기술을 바탕으로 하여 갈릴리 지역을 포함한 요단 동편에 대한 이스라엘 백성들의 애정과 애착을 동시에 읽어 낼 수 있어야 할 것이다. 심지어 느헤미야 9장 22절에서는 자기네 선조들이 범한 죄의 잘못을 고백하는 기도문 속에서도, 하나님께서 저들에게 가나안 땅을 주셨다는 말을 함에 있어서 제일 첫머리에 요단 동편 땅을 주셨음을 잊지 않고 회상하여 언급하고 있는 것을 보게 된다. 이는 아마도 유대인들 사이에 일반적으로 통용되어 전수되어 온 구전 내용이자 기도 내용이었을 것이라는 생각을 갖게 한다. 이로 보아 이들은 요단동편 땅에 대한 점유와 지배의 역사적 사실에 대한 정확한 이해와 인식, 그리고 그것을 끝까지 잊지 않고 지켜내려는 저들의 의지와 정신을 기록으로 전수하였다. 그리고 오늘날 우리는 그들의 기록이 남겨져 있는 성서의 여러 내용으로 보아 충분히 읽어 낼 수 있으리라 여겨진다.

02

중간 시대의 갈릴리

*** 오택현 교수

중간 시대의 갈릴리

오택현 교수[※]

I. 들어가는 말

구약과 신약 사이의 시대라는 뜻인 중간시대(Intermediated Period)는 그 시대의 역사 자체가 일반 사람들에겐 잘 알려져 있지 않기 때문에 이 시대의 갈릴리의 상황을 처음부터 말하기는 쉽지 않은 일이라 할 수 있다. 구약시대부터 갈릴리는 납달리, 스불론, 아셀 등 중요하지 않은 지파의 분배지로 역사의 전면에 거의 드러나 있지 않았었고, 북왕국 이스라엘의 멸망 이후에는 이방인의 땅으로 사람들의 기억 속에서 사라져 있던 장소였다.

하지만 신약에선 갈릴리가 예수 선교의 중심지로서 급부상하게 되는 까닭에 대해 많은 사람들은 왜 이방인의 거주지가 선교 중심지가 되었나

---

* 영남신학대학교 구약신학 교수

에 대한 깊은 생각을 하지 않고 갈릴리라는 장소가 이전부터 유대인이
살았던, 율법을 알고 있었던 장소로 무비판적으로 받아들이고 있었던
것이 일반적인 현실이었다.

이 글은 이러한 문제가 있는 갈릴리 지역에 대해 신약시대 예수의
활동 장소로서 역사의 전면에 부상한 갈릴리가 구약에서 어떠한 과정을
거치면서 중간시대라는 다리를 건너와서 자연스럽게 성서의 역사의 전
면에 떠오르게 된 과정을 연구하는 것을 목표로 한다. 또한 이와 병행하
여 중간 시대에 번창했던 갈릴리의 유적에 대해 다음과 같이 알아보고자
한다.

II. 구약시대와 신약시대 갈릴리의
연결 다리로서의 중간시대

갈릴리는 하프 모양을 한 호수로서 동서의 폭이 14km, 남북의 길이가
21km가 되는 내륙 호수이다. 호수의 넓이는 170㎢이며 지중해 해수면
보다 210m 낮은 곳에 위치하고 있다. 호수 주변에는 해발 300m 정도
되는 산들로 둘러 쌓여있으며 평소에는 매우 잔잔하나, 산에서 불어오는
돌풍으로 인해 가끔씩 갑자기 거센 파도가 일어나기도 한다. 갈릴리
호수 지역은 이스라엘 다른 지역에 비해 비가 많이 오고 있으며, 토지도
비옥한 편이다. 현재는 많은 이스라엘의 키부츠들이 이곳에 모여 있고
주변 땅을 잘 개간하여 많은 농산물들을 수확하고 있다.[1]

구약성서 시대의 갈릴리 지역은 납달리 지파와 아셀 지파가 분배받았으며 가나안 사람들이 살고 있었던 지역으로 이스라엘의 역사에서 그 중심으로 떠오르지 못한 지역이었다.[2] 왜냐하면 고대 국가에서 중요한 도시가 되기 위해선 외부의 적들에 대해 방어하기가 좋은 높은 곳에 위치한 도시가 선호되었기 때문에 이스라엘과 유다의 중요 도시들은 주로 중앙 산악지대를 중심으로 형성되었었다. 하지만 갈릴리 호수 주변은 땅은 비옥하지만 낮은 지형적인 위치와 큰 도로가 지나다니기 때문에 언제나 위험에 노출되어 있어 지배자들의 선호도가 떨어졌고 실제로도 많은 전쟁이 이곳에서 치러졌었다(기드온의 전투, 사울의 전투 등). 이러한 지형적인 약점은 고대 시대가 지나기까지 갈릴리가 유다와 이스라엘의 역사의 전면에 부각되기 힘든 충분한 이유를 우리에게 보여주고 있다 할 수 있다.

한편 북이스라엘이 앗시리아에 의해 멸망한 주전 722년 이후 갈릴리 지역은 이방인들의 거주하게 되었고 이후의 역사에서 이 지역은 뿌리 깊은 이방 문화와 종교가 나타나는 이스라엘 역사의 변방이었던 것이다. 이 당시만 하더라도 갈릴리 지역에 유대인은 자신의 영토가 아니기 때문에 거의 없었고, 앗시리아의 민족 혼합 정책에 밀려 북이스라엘 사람들은 혼혈이 되었고 많은 이방인들이 역시 강제 이주에 의해 들어와 살게 되었기 때문에 하나님의 율법과는 전혀 상관없는 삶을 살았던 장소가 갈릴리 지역이었다.

---

1) Y. Aharoni, *The Land of the Bible* (Philadelphia: The Westminster Press, 1979), p. 27.

2) A. F. Rainey, *A Handbook of Historical Geography* (Jerusalem, American Institute of Holy Land Studies, 1984), p. 29.

하지만 이러한 갈릴리 지역이 신약시대에는 예수님의 활동의 중심지로서 역사의 중앙에 떠오르게 된다. 우리는 여기서 한 가지 의문을 가질 수밖에 없다. 어째서 구약시대에는 역사의 변방에 있었던 갈릴리가 신약시대에는 이스라엘 역사의 중심에 떠오를 수밖에 없었나 하는 의문과, 예수도 유대인인데 왜 이곳 이방인의 지역 갈릴리에서 다른 유대인들과 함께 사셨나 하는 문제이다.

이러한 질문에 대한 대답은 의외로 간단하다. 시대가 변했기 때문이다. 중간시대 당시의 갈릴리 지역은 주전 333~63년까지는 헬라가 다스렸고, 다시 주전 63년 이후부터는 로마가 다스리면서 고대 세계와는 다른 가치가 도시의 발전에 도입되게 되었던 것이다. 즉, 소국가 시대와 같이 방어하기 용이한 산악지역 보다는 당시에는 교통이 편리하여 많은 물건을 실어 나르기가 용이하고 비옥한 토지를 가지고 있으면서 사람 살기가 용이한 지역이 각광을 받았기 때문에 갈릴리에 많은 사람들이 이주해서 살게 되었기 때문이다. 또한 이 지역은 주전 104년 하스몬 왕조의 왕인 아리스토블루스가 갈릴리 지역을 점령하여 유대인들을 이주시켰고, 그 지역 이방인들에게 강제로 할례를 행사하고 율법을 지키게 했기 때문에 갈릴리 주변에는 많은 유대인들이 있었고 율법을 알고 있는 많은 이방인들도 함께 공존하고 있었던 것이었다.[3]

그렇다면 갈릴리에 대해 실질적인 지배권을 600년 만에 회복한 중간시대 하스몬 왕조는 누구이며 그들이 왜 갈릴리 지역을 다스리게 되었는지에 대해 먼저 알아보기로 한다.

---

3) 오택현, 『성지 이스라엘』 (양평: 크리스찬 헤럴드, 2007 근간)

Ⅲ. 마카비 혁명과 하스몬 왕조의 태동[4]

　하스몬 왕조는 마카비 혁명의 결과 왕권을 획득한 마카비 일가가 다스린 왕조를 지칭하는 말로, 원래 유다 마카비의 아버지였던 맛다디아스의 조상의 이름이었었는데 나중에 마카비 가문의 명칭이 되어서 우리는 마카비 왕조를 하스몬 왕조라 부르고 있다. 하스몬 왕조가 실질적으로 시작한 때는 주전 142년 시몬 마카비가 세금 면제를 받은 때부터라고 말할 수 있으나, 실질적인 하스몬 왕조의 기원은 마카비 혁명 당시로 보는 것이 타당할 것이다. 마카비 혁명은 맛다디아스의 아들 유다가 아버지의 유업을 계승하면서 시작되었다.

　유다 마카비(166~160 B.C.)는 셀루커스 왕조의 안티오쿠스 4세 에피파네스가 종교 탄압 정책을 펼치자 이에 항거하여 싸웠는데, 주전 164년 마침내 예루살렘 성전을 회복하고 성전을 정화한 후 유대인의 희생 제사를 복원하게 된다. 그의 예루살렘 점령, 성전 정화, 희생 제사 복원은 오늘날까지 유대인들 사이에 하누카 축제로서 기념되고 있다. 마카비 일가는 셀루커스에 대한 공세를 늦추지 않아 주전 162년 유대인들의 종교의 자유를 획득하여 보다 진일보한 성과를 얻어내지만, 셀루커스 왕조의 데미트리우스 1세와의 전쟁에서 유다 마카비가 주전 160년에 전사함으로 위기를 맞기도 한다.

　유다의 뒤를 이어 지도자가 된 유다의 동생 요나단(160~143 B.C.)은 유다의 전사이후 쇠퇴하고 있는 혁명의 불길을 되살리기 위해 동분서주

---

4) 마카비 혁명을 알기 위해서는 외경의 마카비 1,2서와 요세푸스의 『유대고대사』를 참고하라.

노력하였다. 하지만 예루살렘에는 그들의 지지자들이 거의 남아 있지 않았기 때문에 그들이 지지자들과 함께 베들레헴 남동쪽 드고아 지역까지 후퇴하기도 하였고, 거기서 다시 밀려나 예루살렘 북쪽에 있는 믹마스에 머물면서 기회를 엿보고 있었는데, 상황이 반전되어 셀루커스 왕조가 알렉산더 발라스와 데미트리우스 1세 사이의 내분으로 말미암아 서로 경쟁적으로 하스몬 왕조에게 지지를 획득하기 위해 특권을 베풀려 하는 시도가 있었다. 이때 요나단은 알렉산더 발라스의 편을 들었고 그 대가로 대제사장이 되어 정치에 이어 종교를 장악하게 되었다. 하지만 요나단은 트리폰에 의해 사로잡혀 살해당하게 되어 마카비 일가의 왕권은 또다시 위기에 처하게 된다.

요나단이 사로잡히자 유대인들은 마카비가의 마지막 남은 사람이자 요나단의 형인 시몬(142~134 B.C.)을 지도자로 내세운다. 시몬은 트리폰의 침입을 잘 막아내고 당시 트리폰과 대립관계에 있었던 셀루커스 왕조의 데미트리우스 2세에게 세금 면제를 요청하는 외교적 결단을 하게 된다. 이 요청을 데미트리우스 2세가 주전 142년 받아들이자 유대인들은 드디어 500여년간 있었던 이방인들의 속박에서 완전히 벗어낫다고 여기고 드디어 공식적인 연호를 쓰기 시작하였는데, 이때를 하스몬 왕조의 시작으로 보고 있는 것이다.[5] 하지만 시몬은 주전 134년 사위인 프톨레매오에 의해 여리고에서 암살되었고 그의 아들인 요한 히르카누스가 그를 이어 왕위에 오르면서 하스몬 왕조의 명맥을 이어나간다.

물론 마카비 혁명은 예루살렘을 중심으로 한 유대 지역에서 일어났던

---

5) H. Jagersma, *A History of Israel from Alexander the Great to Bar Kochba* (London: SCM Press, 1985), p. 80.

혁명이었기 때문에 마카비 혁명의 정황에서 갈릴리는 아직 유다의 땅으로 복속되지 못했었고, 이방인들의 거주지로서 이전과 다름없이 역사의 변방으로 자리 잡고 있었다.

IV. 하스몬 왕조 시대의 갈릴리[6]

하스몬 왕조 시대의 갈릴리에 대한 정책을 알기 위해선 초기의 3왕인 히르카누스 1세, 아리스토블루스, 알렉산더 얀네우스의 정책에 대해 알아볼 필요가 있다.

1. 히르카누스 1세(134~104 B.C.)

시몬에 이어 하스몬 왕조의 왕이 된 히르카누스 1세는 약 30년 동안 유다를 다스리면서 많은 일을 이루어 놓았다. 그는 갈릴리가 유다의 땅으로 속하게 하는데 기반을 마련해준 사람이라 평가 할 수 있을 것이다. 히르카누스 1세는 시몬으로부터 대제사장직을 물려받았지만 유대교 내의 갈등이 심화되어 바리새파와 사두개파로 분열이 되었고, 그도 처음에는 바리새파와 좋은 관계를 보였지만 바리새파 사이에서 그의 혈통을 문제 삼으며 대제사장직을 내어 놓을 것을 요구하자 나중에는 바리새파를 핍박하고 사두개파와 손을 잡기도 하였다.[7]

---

6) 하스몬 왕조 시대의 역사를 보기 위해선 요세푸스의 『유대고대사』 를 참고하라.

7) D. S. Russel, 『신구약중간시대』 (서울: 컨콜디아사, 1999), p. 37.

이러한 히르카누스 1세 치세를 우리가 주목하는 이유는 그가 행했던 영토 확장 정책 때문이다. 그의 영토 확장은 크게 두 가지 방향으로 진행되었는데 우선 그는 유대의 북쪽으로 진군하여 이전 북이스라엘의 영토이자 지금은 사마리아인들의 성소가 세워져 있는 그리심 산의 성소를 파괴하였고 이후에는 훗날 세바스테라는 로마식 도시가 된 북이스라엘의 수도 사마리아를 점령하여 철저하게 그 지역을 파괴하였다. 또 다른 방향으로 영토 확장을 꾀한 히르카누스 1세는 유다 남쪽으로 진군하여 이두메인들을 점령하고 그들에게 강제 유다화 정책을 폈던 것이다. 이두메인들이 유대 남쪽에 정착하게 된 이유는 우리가 잘 알고 있는 것과 같이 바벨론이 유다를 점령할 때 바벨론을 도와 전쟁에 참여했던 에돔이 바벨론을부터 헤브론 이하 유다남쪽 지역 분배받아 중간시대에까지 이르게 된 것인데, 이 지역이 히르카누스 1세에 의해 회복된 것이다.

히르카누스 1세는 이 두 지역을 점령한 다음 점령지에 대해 서로 다른 입장의 정책을 취하게 된다. 먼저 옛 북이스라엘의 영토에 대해선 앗시리아의 강제이주 정책에 의한 인구혼합으로 말미암아 혼혈이 된 북이스라엘 사람들에 대한 극렬한 혐오 때문에 이 지역을 점령한 이후 히르카누스 1세는 철저하게 이 지역을 파괴하였다. 요세푸스에 의하면 히르카누스가 사마리아 인들을 악당처럼 미워했기 때문이라고 평가하고 있다. 이렇듯 히르카누스 1세는 당시 유대인들의 생각을 반영하는 것같이 사마리아 사람들과 그 지역을 혐오하고 있었던 것으로 추정되며, 그들에게는 파괴 이외에 별다른 정책을 행하지 않았었다.[8]

그러나 히르카누스 1세는 이전 유다의 영토였던 이두메 지역을 공격한 뒤에는 전혀 다른 정책을 취하게 된다. 그는 셀루커스 왕조의 안티오쿠스 4세가 유대인들을 강제로 헬라화 시킨 방법을 차용하여 이두메 사람들에게 만일 그들 자신들이 할례를 행하고 유대인의 율법을 준수하면 그들의 땅에서 살아도 좋고 그렇지 않을 경우 죽던지 추방당하던지 둘 중의 하나를 선택하게 하였다. 이때 이두매 사람들은 자신의 선조들이 살아왔던 땅을 버릴 수 없었기 때문에 할례를 받고 다른 모든 면에 있어서 자신들의 생활방식을 버리고 유대인들의 생활 방식을 따르는 것을 감수하였는데 이렇게 계속해서 그들은 유다화 되어가고 있었다.[9]

여기서 중요한 점은 이방인 지역을 점령한 다음 히르카누스 1세가 행했던 강제 유다화 정책인데 바로 이러한 정책을 그의 아들 아리스토블루스도 이어 받아 갈릴리 점령 당시에 사용하였었다. 한편 히르카누스 1세가 행했던 강제 유다화 정책으로 말미암아 율법을 알고 있는 이두매인들이 많이 나오게 되었는데 그 중 한 사람이 예수 탄생 당시 왕이었던 헤롯이라는 점도 우리가 유념해 볼 필요가 있다.

2. 아리스토블루스(104~103 B.C.)

아리스토블루스는 하스몬 왕조의 지도자 중 최초로 '왕'이라는 칭호를 받은 사람으로 그의 재위 기간은 1년밖에 되지 않으나 갈릴리와의 관계

---

8) F. Josephus, 『요세푸스 5:유대 고대사』 (서울: 성서연구원, 2000), p. 252.

9) A. H. Hoerth, *Archaeology and the Old Testament* (Michigan :Baker Books, 1998), pp. 418-419.

에선 가장 중요한 왕이라 할 수 있다. 왜냐하면 그는 그의 재위 기간 동안 아버지 히르카누스 1세와 같이 주변 소국의 정벌에 나서 이투라이아(the Ituraeans) 사람들을 정벌하고, 그 주민들에게 자신들의 땅에 머무르고 싶다면 할례를 행하고 유대인들의 율법대로 살 것을 강요하였다. 이 이투라니아아인들은 페니키아 서쪽의 레바논 지역과 다마스커스 남쪽에 거하던 사람들로 요세푸스에 의하면 아리스토블루스의 정복은 갈릴리 북부 지역까지 이르렀다고 보고 있다.[10]

아리스토블루스의 갈릴리 정벌은 다음과 같은 역사적인 의미를 지니고 있다 할 수 있다. 즉, 주전 722년 북이스라엘이 앗시리아에 의해 멸망한 후 갈릴리는 이방사람들의 손에 넘어갔으며, 이곳 주민들은 주로 아람사람들로 구성되어 있었다. 하지만 아리스토블루스는 마침내 갈릴리 지역을 점령하고 강제 유다화 정책과 유대인의 이주를 강행하였기 때문에 예수께서 활동하셨던 주후 1세기까지 갈릴리는 유다 율법을 고수하는 이방인들과 이주한 바리새파 사람들에 의한 회당 조직의 확대로 예수가 사역할 당시에 자연스럽게 갈릴리 사람들로 하여금 구약성서적인 신앙으로 무장시키는데 역사적인 공헌을 하였다 할 수 있다.[11]

이제 우리는 예수당시 유다와 지리적으로 가까운 사마리아에는 유대인들이 살고 있지 않고 상대적으로 먼 갈릴리에는 회당도 존재하고 많은 유대인들과 이방인들이 공존하고 있는 이유에 대한 대답을 어느 정도 찾을 수 있을 것이다. 정답은 아리스토블루스의 갈릴리 주변 지역 점령과 이방인들의 강제 유다화 정책, 그리고 유대인들의 이주 때문이라

---

10) F. Josephus, 『요세푸스 5:유대 고대사』, p. 264.

11) I. Bo Reicke, 『신약성서시대사』 (서울: 한국신학연구소, 1997), p. 82.

고 볼 수 있다. 아리스토블루스는 이렇게 중요한 일을 하였지만 병으로 말미암아 재위 1년 만에 죽고 그의 동생인 알렉산더 얀네우스가 왕위에 오르게 된다.

3. 알렉산더 얀네우스(103~76 B.C.)

알렉산더 얀네우스는 하스몬 왕조의 지도자중 가장 뛰어난 군사지도자로 추앙을 받고 있는데, 그는 왕이 되자마자 거의 모든 방향에서 영토를 넓혀 왕국을 확장시켜 나갔다. 북쪽으로는 후에 헤롯에 의해 가이사랴로 발전된 스트라토의 탑을 탈취하였고, 역시 지중해 방향으로 중요한 도시인 도르를 장악하였으며, 남서쪽으로는 이전 불레셋의 5대 도시 중 하나이자 당시에는 헬라식 거대 도시 중 하나인 가사를 포함한 해안 지역을 점령하였고, 북동쪽으로는 골란과 길르앗 지역을 차지하였으며, 남동쪽으로는 모압의 풍요로운 지역을 점령하였다.[12]

그래서 지도에서 보는 바와 같이 넓고 광활한 영토를 확보하게 되었는데[13] 이전 아리스토블루스가 확보했던 갈릴리 지역은 이제 자연스럽게 하스몬 왕조의 영토가 되어 하스몬의 역사 안에 자리를 잡게 된 것이다. 이후의 역사에서 갈릴리 지역은 로마에 의해 하스몬 왕조가 망해 비록

---

12) H. Shanks, 『고대이스라엘: 아브라함으로부터 로마인의 성전파괴까지』 (서울:한국신학연구소, 2005), p. 349.

13) Y. Aharoni m Avi-yonah, A. Rainey and Z. Safrai, *The Macmillan Bible Atlas* (Jerusalem: Carta, 1993), p. 159.

〈알렉산더 얀네우스의 통치 지도〉

로마에 속하게 되었지만 하스몬 왕조 당시의 율법을 지키는 전통과
회당 예배의 전통은 예수가 활동할 당시까지 계속 이어져 내려가고
있었다.

V. 갈릴리 주변지역의 중간시대 유적들

위에서 살펴본 봐와 같이 중간 시대에는 갈릴리가 유다의 역사 안에
들어와 발전되기 시작하였는데, 당시 발전했던 중요 도시로는 찌포리와
티베리아스를 들 수 있다.

1. 찌포리

"나사렛에서는 선한 것이 나올 수 없다" 는 나다나엘의 말은 우리로
하여금 예수가 성장한 나사렛이 매우 척박한 장소로 인식하게 만들었었
다. 그러나 20세기 후반부터 이에 대한 반발로 다른 의견들이 조심스럽
게 개진되고 있는데, 그 중 대표적인 것이 '찌포리 문화설' 이다.

1931년 여름, 미국 미시간 대학의 워터맨 교수는 찌포리라 불리는
나사렛 근처의 한 고대 유적지에 대한 발굴을 시도했다. 당시 대부분의
고고학자들이 예루살렘을 비롯해서 사마리아, 므깃도, 벧산 등 유명한
대도시들을 발굴한 것과는 대조적으로 그가 성서에도 등장하지 않는
초라한 폐허를 택한 데는 그 나름대로의 이유가 있었다. 왜냐하면 신약

시대의 역사학자인 요세푸스의 기록에서 찌포리가 갈릴리 왕국의 첫 번째 수도로 등장하기 때문이었다. 워터맨은 2개월여에 걸친 발굴 결과 예수시대에 건설된 4천 5백명 수용규모의 로마식 극장과 별장의 흔적들을 발견했다. 이를 계기로 신약시대의 나사렛은 문명과는 고립된 촌락이 아닌 대도시의 영향권 아래에 있었다는 가설과 함께 어린 시절 예수의 교육적 문화적 배경을 이 도시로부터 찾으려는 새로운 이해가 시도됐다.[14]

찌포리 언덕은 해발 289m로 하부 갈릴리 서쪽에 위치해 있는데, 남쪽으로 찌포리 강과 북쪽으로 베이트 네토파 계곡 사이, 석회암 가운데에 있다. 그것은 경작하고 횡단하기 쉬운 기름진 계곡들로 둘러싸여 있었다. 찌포리 강의 흐름을 관통하는 이 계곡들 중의 하나는 찌포리 샘에 의해 부유하게 되었다.

---

14) 김성, 『성서고고학 이야기』 (서울: 동방미디어 2002), p. 200.

<찌포리의 원형 극장>

　찌포리의 이름의 기원에 대해 바벨론 탈무드는 "왜 찌포리라고 불려졌는가? 그것이 산꼭대기에 앉은 새 같기 때문이다." 라고 말하고 있다. 하지만 위의 탈무드 전승에도 불구하고 찌포리 이름의 기원은 명확하지가 않다. 로마인들은 그 도시를 디오카이사랴라고 불렀다. 십자군 시대에는 이곳이 사포리에라고 불려 졌는데, 아랍사람들이 이곳을 사푸리예라고 부르던 것에서 기원된 것으로 보인다. 현재 찌포리 모샤브는 1949년에 세워졌고, 고대 히브리식 이름에서 현재의 지명을 취하였다.

　바벨론 탈무드에 의하면 "산헤드린은 예루살렘에서 야브네로, 야브네에서 웃사로, 웃사에서 쉐파람으로, 쉐파람에서 벤쉐아림으로, 벤쉐아림에서 찌포리로, 그리고 찌포리에서 티베리아스로 추방당했다" 고 전한다. 즉, 찌포리를 중간시대 산헤드린이 거쳐 갔던 중요 도시 중 하나로 언급하고 있는데, 중간시대 기간 동안 찌포리는 실제적으로는 알렉산더 얀네우스(103~76 B.C.)의 통치 기간 동안에 처음으로 언급되었다. 그러나 그 터에서 몇몇 고고학 발굴물들은 제 1 성전 시대의 것으로 추정되는 것이 발견되어 이 시기보다 앞선 초기 정착민들의 존재를 암시해 주고 있기도 하다.

주전 63년에 찌포리는 폼페이 치하의 로마 군대에 의해 정복당했고, 주전 55년에는 로마의 시리아 총독 가비니우스에 의해 갈릴리 지역의 수도로 선정되기도 하였다. 주전 47년 헤롯 대왕은 갈릴리 총독으로 임명되었지만, 이전에 그 지역을 통치하였던 그의 아버지 헤롯 안티파트로스의 살인 행위 때문에 그 지역을 차지하지는 못하였다. 이때 헤롯은 강제로 찌포리를 취하였고, 눈보라 속에 군대의 선두에 서서 그곳을 공격하였다. 헤롯시대에도 찌포리는 계속해서 갈릴리의 수도가 되었다. 주전 4년 헤롯의 사후(死後), 유대인들은 로마에 반란을 일으켰고 찌포리를 점령하였지만 로마 군대를 이끌었던 바루스에 의해 반란군은 진압되었고, 찌포리는 불태워졌으며 그곳의 유대인 거주자들은 노예로 팔리게 되었다. 하지만 그 후 헤롯의 아들인 헤롯 안티파스는 찌포리를 재건하고 요새화하여 이전의 영광을 어느 정도 재현하기도 하였다.

주후 66년에 로마에 대한 1차 유대인 반란이 일어났을 때 찌포리 사람들은 로마 군대와 조약을 맺었고, 찌포리는 파괴를 면할 수 있었다. 후에 바르 코흐바의 반란 때(A.D. 132~135) 찌포리의 역할은 불분명했다. 그러나 이 시기에 이 도시의 이름은 디오카이사랴로 바뀌어졌고 그곳의 유대인의 지도권은 이방인 통치자들에게 박탈당했다. 3세기 초에 그 고장의 지도권이 유대인으로 복권되어진 후 랍비 유다 하나시는 찌포리로 이동했다. 그리고 그와 함께 산헤드린도 찌포리로 위치를 이동했다. 랍비 유다는 그가 죽기까지 17년 동안 찌포리에서 살았다. 그리고 200년쯤, 이곳에서 그는 미쉬나를 편집하였다.

〈찌포리의 모나리자〉

찌포리는 18개의 회당들과 다수의 공부방들과 약간의 알려진 이름으로 종종 유대인의 도시로써 탈무드에 언급되어진다. 미쉬나와 탈무드 시대 동안 많은 현자들은 찌포리에 그들의 집을 지었는데 그들 가운데 랍비 할라프타, 랍비 엘라자르 벤 아자리야, 그리고 랍비 요세프 벤 할라프타가 있다.

　주후 332년에 콘스탄틴 대제가 로마제국의 종교로 기독교를 선포하였는데, 이것은 비잔틴 시대의 개막을 의미하는 것이었다. 콘스탄틴은 요세프라는 이름의 개종한 유대인을 후원하여 그에게 "제왕의 친구(오심)" 이라는 칭호를 그에게 하사하였고, 그에게 찌포리 교회를 짓는 것을 허락하였다. 주후 351년 프로방스의 총독인 갈루스 카이사르에게 대항하여 반란이 일어났다. 그의 대장 아우르세키누스가 폭동을 진압하러 파견되었으나 그는 그 도시를 파괴시키지 못하였다.

　찌포리는 363년, 그 지역을 강타한 지진에 의해 완전히 파괴되었지만 재빠르게 복구되었다. 비잔틴 시대동안 찌포리의 기독교 공동체는 성장하였고. 그 도시는 한 교구가 되었다. 대부분의 교회들은 모두 이 시기에 지어졌고 유대교가 대다수를 차지하였다. 그 도시는 비잔틴 시대 말기까지 흥왕하였으나 아랍 시대가 이어지면서 쇠락하여졌다.

　십자군 시대에 르 사포리에는 갈릴리 공화국의 도시이고 요새가 되었다. 십자군은 여기에서 하틴 전투에 착수하였지만, 1187년 아유비드의 전사 살라딘에 의해 궤멸 당했다.

　18세기 사퓨리예의 아랍마을은 그곳의 요새를 재건하였던 갈릴리의 베두인 통치자 다헤르 엘 오마르에 의해 요새화되어졌다. 아랍 반란 (1936~1939)과 1948년 독립 전쟁 기간 동안 그 마을과 요새는 지역 유대인 주민들에게 저항하는 아랍 도적들의 거주지였다.

　독립 전쟁에서 데켈 작전 기간인, 1948년 7월 15일 밤에 사퓨리예는 정복되어졌고, 그곳의 주민들은 그 장소를 버리고 도망간 이후 유대인에 의해 모샤브 찌포리가 세워져 현재에 이르고 있다.

〈찌포리의 전경〉

　　현재 국립공원 찌포리는 16km의 정사각형으로 되어있고 1992년에 대중에게 개방되었다. 공원개발은 관광부와 이스라엘 정부 관광공사 그리고 이스라엘 자연보호국, 유대민족기금, 예루살렘의 히브리대학과 갈릴리 재단이 연합하여 추진하였다.[15]

---

15) 이상의 내용은 이스라엘 국립공원 관리국(Israel Nature and Parks Authority)에서 펴낸 찌포리 안내서 Z. Weiss and T. Tsuk, "Sepporis" (Adi Greenbaum, 2000)의 요약이다.

2. 티베리아스

<현대의 티베리아스>

티베리아스는 하이파에서 동쪽으로 70km 떨어진 갈릴리 호수 서편에 위치하고 있는 도시이다. 이 도시는 주후 17년 헤롯 대왕의 아들인 헤롯 안티파스가 건설한 도시로 로마 황제 티베리우스의 이름을 따서 도시이름을 명명하였다. 안티파스는 티베리아스를 건설하면서 자신이 통치하는 갈릴리 지방과 베뢰아 지방의 행정적 수도를 찌포리에서 이곳 티베리아스로 옮겼는데 그가 수도를 옮긴 이유 중 하나는 이곳에 유명한 온천이 있기 때문이었다. 티베리아스의 온천은 수온 60도 정도로 당시

매우 유명하였고 갈리리라는 좋은 경치와 기후, 온천이 합해져서 티베리
아스는 로마시대 상류층 사람들의 휴양지로서도 각광을 받게 되었다.

〈티베리아스의 온천〉

　그러나 이 도시가 세워진 후 유대인들은 이곳에 살기를 거부하였다.
왜냐하면 역사가 요세푸스에 의하면 이 도시가 공동묘지위에 세워졌기

때문에 유대인들은 자신의 율법에 따라 티베리아스를 부정한 도시로 여기고 이곳에 살기를 거부 하였다고 전하고 있다. 실제로 예수의 활동에 있어서도 티베리아스는 한 번도 언급되지 않고 있고 대신 가버나움이 주로 나타나고 있는데 요세푸스가 제시한 의견 때문이 아닌가 많은 사람이 추정하고 있다.[16]

하지만 주후 70년 로마에 의해 예루살렘이 파괴된 이후에는 티베리아스는 점차 유대인의 활동 중심지가 되었다. 유대인의 최고 의결기관인 산헤드린이 이곳에서 모였고 미슈나와 팔레스틴 탈무드가 이곳에서 완성되었다. 또한 히브리 성경에 모음을 첨가한 마소라 텍스트가 이곳에서 완성되었다고 전해진다. 따라서 한때 유대인들의 배척을 받았던 도시인 티베리아스는 훗날 유대인들에 의해 거룩한 도시 중 하나로 인정받고 있다.

이후 티베리아스는 십지군 시대에 이 지역을 점령한 십자군들이 상대적으로 낮은 지형적인 약점을 극복하기 위해서 성벽을 쌓았는데 그 성벽이 오늘가지 남아 있다. 이후 티베리아스는 파괴와 재건의 운명을 되풀이 하였고 주후 1765년부터는 폴란드에서 이주해온 유대인들이 거주하기 시작하여 현재 도시 형성의 기초를 마련해 주었다. 현재의 인구는 3만 명에 달하며 거의가 유대인으로 구성되어 있다.[17]

티베리아스에 있는 유적으로는 유대인 최고의 학자 중 한 사람으로 알려진 랍비 람밤(Rabbi Rambam)의 무덤이 있다. 또한 정확한 역사적

---

16) M. Miller, *Introducing the Holy Land* (Macon: Mercer University Press, 1982), p. 111.

17) Z. Schaiek, The Sea of Galilee (Jerusalem, Palphot Ltd., 2000), p. 8.

근거는 빈약하지만 여조상들의 무덤을 모아 놓았는데, 모세의 아내 십보라, 모세의 어머니 요게벳, 모세의 누이 미리암, 아론의 아내 엘리사바, 야곱의 첩 빌하와 실바의 무덤이 있다.

〈현대의 티베리아스〉

VI. 나오는 말

이상에서 연구 결과 우리는 갈릴리 지역이 왜 구약시대에는 역사적인 조명을 받지 못했던 지역이었지만, 신약시대에 예수의 활동과 더불어 큰 조명을 받았던 지역이 될 수 있었는가에 대한 의문을 풀 수 있었다. 즉, 우리에게 잘 알려져 있지 않은 중간시대라는 터널을 통과해 오면서 갈릴리는 하스몬 왕조에 의해 이곳이 점령되었고, 또한 강제 유다화 정책을 실시함을 통해 이곳의 이방인들이 유다의 율법을 지키게 되었음을 살펴보았다. 그리고 이곳으로 이주해간 유대인들이 그들의 회당을 통해 구약성서 신앙의 전통이 예수탄생 100년 전부터 내려올 수 있었기 때문에 갈릴리가 나사렛 출신인 예수의 활동중심지가 될 수 있었다고 말 할 수 있을 것이다.

결론적으로 중간시대는 구약시대 역사적 변방 갈릴리와 신약시대 역사적 중심지인 갈릴리를 연결시켜주는 다리 역할을 하였다 말할 수 있을 것이다.

03

신약(예수) 시대의 갈릴리

＊＊＊ 이승호 교수

신약(예수) 시대의 갈릴리

이승호 교수[※]

I. 들어가는 말

  예나 지금이나 이스라엘 성지여행의 주 목적지는 예루살렘이다. 예수의 역사가 갈릴리와 예루살렘이라는 두 무대에서 진행되었음에도 불구하고, 갈릴리는 늘 예루살렘의 그늘에 놓여 있었다. 이처럼 예수의 활동 영역으로서 갈릴리가 주목받지 못한 가장 큰 이유 중의 하나는 자료의 빈곤 때문이다. 그레코-로만 시기의 역사는 물론 유대의 역사 속에서도 갈릴리는 늘 그 중심에서 벗어나 있었다. "이방인의 갈릴리"(사 9:1; 마 4:15에 인용)라는 별칭이 이미 이곳이 주변지역이며, 중심 세력으로부터 경멸의 대상이 되었다는 사실을 가늠하게 해 준다. 그러나 예수의 생애와 말씀을 보존하고 있는 사복음서에는 갈릴리의 흔적으로 가득

---

* 영남신학대학교 신약신학 교수

차 있다. 복음서 기자들의 신학적 관심을 무시할 수는 없지만, 이와 같은 갈릴리의 강조는 이미 예수의 활동의 중심지로서의 갈릴리에 대한 역사적 회상을 반영하고 있다. 갈릴리에는 예수의 "고향"인 나사렛이 있고, 예수의 복음 선포의 중심지라고 할 수 있는 가버나움이 있다. 예수는 예루살렘보다는 갈릴리의 영향을 더 많이 받은 것이 분명하다.

이런 의미에서 최근에 고고학의 발달로 갈릴리에 대한 관심이 고조되고 있는 것은 매우 다행스러운 일이 아닐 수 없다.[2] 고고학의 연구들은 신약성서의 본문을 보충해주기도 하고, 성서 본문이 침묵하는 곳에서 본문의 의미를 새롭게 볼 수 있는 기회를 제공해 주기도 하기 때문이다. 이런 맥락에서 본 글은 예수 시대의 갈릴리의 상황을 개괄하는데 목적이 있다. 그러나 장소만이 중요한 것은 아니다. 역사적인 과정을 이해하려고 할 때, 그 시대의 정치적 상황과 사회-경제적 상황들, 그리고 종교적 신념등도 마찬가지로 중요하다. 그러므로 본 글은 예수 시대의 갈릴리의 지형적 특성에서 출발하여, 그 땅의 사람들, 정치적이고, 사회-경제적인 상황 및 종교적 상황 등을 차례대로 살펴보고자 한다.

---

2) 최근에 독일어권과 영어권에서 갈릴리에 대한 의미 있는 연구가 나온 것은 매우 반가운 일이다. Boesen, W., Galilaea als Lebensraum und Wirkungsfeld Jesu. Eine zeitgeschichtliche und theologische Untersuchung, 『예수 시대의 갈릴래아』, 황현숙 역 (천안 : 한국신학연구소, 1988); Freyne, S., Galilee. From Alexander the Great to Hadrian (323 BCE to 135CE). A Study of Second Temple Judaism (Indiana: Notre Dame Press, 1980); Freyne, S., Galilee, Jesus and the Gospels. Literary Approaches and Historical Investigations, (Philadelphia: Fortress Press, 1988).

II. 자연적인 요건 : 비옥하고, 풍요로운 "작은" 땅

1. 경계선

신약시대에 갈릴리[3]가 정확하게 어느 지역을 가리키는지 결정하기는 어렵다. 복음서에는 갈릴리 지역의 마을들이 자주 등장하고 있지만, 갈릴리의 전체 경계를 결정하는 데는 별로 도움이 되지 못한다. 복음서 저자들의 주된 관심이 예수의 활동과 말씀에 있지, 정확한 지리적 정보에 있지 않기 때문이다. 오히려 이 시대의 갈릴리에 대한 정보는 예수 당대의 유대인 역사가 요세푸스(F. Josephus)의 증언이 더 큰 도움이 된다.[4] 그의 표현들이 때로는 과장되고, 편향적인 면이 없지 않지만, 그의 증언들은 나름대로 중요한 가치를 가진다. 요세푸스는 그의 책, 『유대전쟁사』에서 주위에 있는 이방 도시들을 토대로 비교적 자세하게 갈릴리의 경계 지역을 서술하고 있다. 그에 따르면, 갈릴리는 크게 상부지역과 하부지역 두 부분으로 나눌 수 있으며, 서쪽으로는 프톨레마이스와 갈멜(산) 지역, 그리고 기병들의 도시인 가바가 놓여있고, 남쪽으

---

3) 갈릴리의 명칭에 대해서는 Boesen, W., 『예수 시대의 갈릴래아』, 19-27 참조. 갈릴리라는 이름은 히브리어 "갈릴" 에서 온 것으로 보이는데, 그 의미는 분명하지 않다. 논의는 "구역", "영역" 의 사전적 의미로서의 "갈릴" 과 옛 지명으로서의 "갈릴" 사이에서 진행되고 있다. 아마도 갈릴은 "처음에는 어떤 특정 부분을 지칭하다가 그 다음에 서요르단 산악지대의 가장 북쪽의 부분 전체를 지칭했던 지명인 것으로 보인다." (위의 책, 27)

4) 요세푸스(주후 37-100/110)는 유대 제사장의 아들로서, 그의 네 권의 책을 통해 주전 1세기와 주후 1세기의 팔레스틴의 상황에 대한 중요한 목격자로 인정된다. 1) Life(Vita) : 자서전, 2) The Jewish War : 안티오쿠스 4세에서부터 주후 70년 예루살렘 멸망까지의 사건들에 대한 보도, 3) The Jewish Antiquities : 창조에서 주후 1세기까지의 이스라엘의 역사 서술, 4) Against Apion : 셈족 혐오자인 아피온의 비난들에 응답하는 문서.

로는 사마리아와 스키토폴리스가 가로질러 있다. 동쪽으로는 히포스와 가다라 지역과 만나며, 갈릴리 호수 근처의 가울라니티스와 아그립바 왕국과 접해있고, 북쪽으로는 두로 지역과 연결되어 있다(유대전쟁사 III권 3,1). 이러한 요세푸스의 증언은 매우 일반적이어서 정확한 경계선을 그리는 것이 쉽지 않지만, 그 지역의 산, 계곡, 호수 등의 특정한 지형을 감안한다면, 어느 정도 갈릴리지역의 윤곽을 잡을 수 있다: 동쪽으로는 겐네사렛 호수와 요단강이 경계를 이루고, 서쪽으로는 프톨레마이스의 도시 지역이 경계를 이루며, 북쪽으로는 두로와 접하고, 남쪽은 갈멜에서 시작하여 스키토폴리스의 요단계곡에서 끝나는 대평원이 경계를 이룬다(갈릴리 지역 지도 참조).[5]

이렇게 볼 때, 예수가 살고, 활동했던 당시의 갈릴리는 "작은 땅" 이었다. 정확한 수치를 제시하고 있지는 않지만 요세푸스는 직관적으로 "크기로 치면 베레아 다음"(유대전쟁사 III.3,3)이라고 보고 있다. 전체 면적은 대략 1,400에서 1,600km^2 사이로, 서쪽 경계에서 동쪽 경계에까지의 거리는 35-40km, 남쪽 경계에서 북쪽 경계까지는 50-55km 정도이다. 이 정도면 당시의 교통수단이나, 험한 지형을 감안한다할지라도, 2-3일이면 족히 갈릴리 전체를 돌아다닐 수 있는 거리이다. 즉 갈릴리는 높은 곳에 올라가면, 전체의 조망이 가능한 작은 땅이었다. 따라서 복음서에서 예수가 갈릴리의 여러 지역(가버나움, 고라신, 나사렛, 가나 등)뿐만 아니라, 주변의 이방인 지역까지 들렀다는 보도들은 이러한 갈릴리의 작은 영역을 고려할 때, 보다 더 확실해 진다. 예수의 짧은 활동 기간에

---

5) Gnilka, J., 『마르코 복음 II.』 한국 신학연구소 번역실 (서울:한국신학연구소, 1990), 84.

이 갈릴리 전 지역이 하나님의 나라의 소식을 들었다는 것도 별로 이상한
일은 아니다.

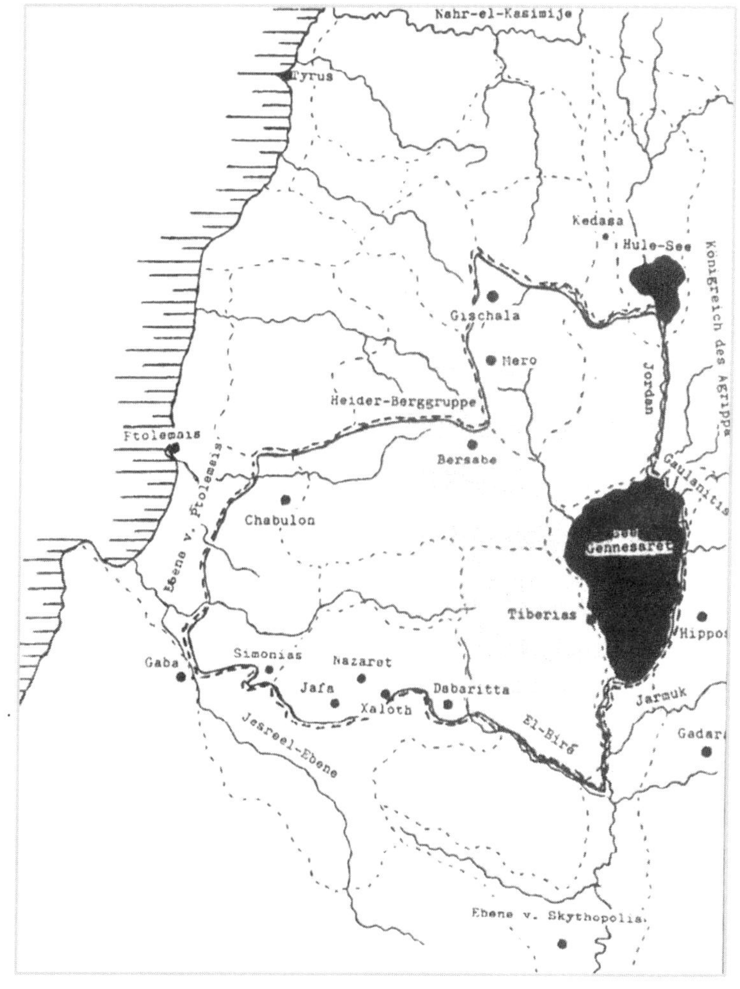

〈갈릴리 지역 지도〉[6]

6) Boesen, W.,『예수 시대의 갈릴래아』, 40.

2. 지형과 기후

갈릴리는 지형적으로 크게 세 부분으로 구분할 수 있다. 첫 번째 부분은 하부갈릴리로서 평지를 가진 구릉지로 이루어져 있다. 이 지역은 전형적으로 300-600m 사이의 산들과 구릉지, 평원들과 협곡 분지들이 나타나는 비교적 낮은 땅이다. 이 지역은 옛날부터 거주와 교통에 적절한 조건들을 갖추고 있었기 때문에, 팔레스틴 북쪽에서 가장 인구가 밀집해서 거주했던 지역이며, 당시의 강대국들, 즉 동쪽으로는 메소포타미아와 남서쪽으로는 이집트 사이의 교통에 적합한 가교가 되었다. 예수의 고향인 나사렛과 가나, 세포리스 등의 크고 작은 마을과 도시가 이곳에 자리 잡고 있다. 두 번째 부분은 상부갈릴리인데, 자연자체가 이 지역을 하부갈릴리와 분리시킨다. 하부갈릴리가 비교적 낮은 산들과 동서 방향으로 뻗은 협곡들로 이루어져 있는 반면에, 상부갈릴리는 600m와 1200m 사이의 고지대 평원으로서 교통과 통신이 매우 불편한 지역이었다. 이 곳은 가파른 경사면의 협곡이 많고, 좁은 계곡이 엉켜 있어 자연적인 요새와 같아서 저항자들에게 안성맞춤이었고, 자유와 독립을 사랑하는 자들의 은신처로 이용되었다. 특히 북쪽으로 솟아 있는 기살라는 유대전쟁 (주후 66-70년)때에 마지막까지 로마군들에 대항하여 싸운 지점으로 알려져 있다(유대전쟁사 VI 2,1). 갈릴리의 세 번째 부분은 갈릴리 호수 주변 지역인데, 이 곳은 예수 활동의 중심지로서 신약성서에서 중요하게 다루어지고 있다. 자연 경관이 매우 뛰어난 이 지역에서 예수는 제자들을 부르고(마1:16-20), 폭풍을 잔잔케 하고(마

4:35-41), 호수 위를 걸으며(마 6:45-52), 하나님 나라의 말씀을 선포하였다. 갈릴리 호수는 사복음서에 다 등장하는데, "갈릴리 바다"(막 1:16, 2:13, 3:7 등) 또는 "겐네사렛 호수"(눅 5:1,2 등), "갈릴리의 디베랴 바다"(요6:1), "디베랴 바다"(요 21:1)등의 명칭으로 불리어진다. 이 명칭들은 갈릴리 지방이나, 그때그때의 해변가의 큰 도시들을 따라 다양하게 붙여진 것으로 보인다. 이 호수는 대략 길이 20km, 넓이 11km, 깊이 49m 정도의 크기를 지니고 있고, 이 지역에 예수의 활동의 중심지인 가버나움, 벳새다, 고라신, 긴네렛, 막달라와 갈릴리의 대표적 도시 디베랴가 자리 잡고 있다.

　요세푸스에 따르면, 갈릴리는 "아주 게으른 자들도 경작하고 싶은 마음이 들 정도"의 비옥하고 풍요로운 땅이어서, "온 땅을 주민들이 경작했고, 어디에서도 노는 땅이 없었다."(유대전쟁사 III 3,3) 이처럼 널리 경작이 가능했던 것은 기름진 토양과 유리한 기후 조건(기온과 강수량) 때문이었다. 갈릴리의 땅은 지질학적으로 기름지고, 비옥한 것으로 유명했다. 또한 다른 팔레스틴의 지역에 비해 강수량이 풍부한 상부 갈릴리에서 연중 평균 기온은 13-15도인 반면에 비가 적은 하부 갈릴리에서는 17-19까지 올라가고, 겐네사렛 호수에서는 최고 21도까지 올라간다. 이러한 기름진 땅과 적절한 온도, 강수량은 갈릴리 지역에 갖가지 풍성한 수확을 거두게 했다. 따라서 갈릴리 지역이 "모든 종류의 나무가 자라는 땅"(유대전쟁사 III 3,3)이었다는 요세푸스의 말은 과장된 것만은 아니다. 예수의 비유가 이러한 갈릴리의 지리와 토양, 기후, 농산물과 밀접하게 연관되어 있다는 것은 쉽게 예상할 수 있다.

3. 도시와 마을

예수 당시에 갈릴리 지역에 204개 이상의 마을과 도시가 있었으며(전기 45), 그 중에 가장 작은 마을도 인구가 15,000명 이상이 되었다(유대전쟁사 III 3,2)는 요세푸스의 증언은 과장된 것이 사실이다. 그의 계산에 따르면, 갈릴리 전체 인구가 최소한 3백만 명이 넘었다는 것을 의미하기 때문이다. 그러나 갈릴리의 땅이 매우 비옥했기 때문에, 이 지역이 팔레스틴의 다른 지역 보다 인구밀도가 높았다는 사실은 인정할 수 있다. 뵈젠(W. Boesen)에 따르면, 적어도 1600㎢ 면적의 갈릴리 전체 인구는 20-30만에 이른다.[7] 갈릴리 거주지의 중심점은 물고기가 풍부한 겐네사렛 호수와 기후가 좋은 저지대의 서쪽 부분이었다. 고지대는 산맥이 막혀있고, 교통이 열악하기에 더 큰 마을들이 세워질 수 없었을 것은 당연하다. 작은 부락과 단독거주는 치안상 너무 위험하기 때문에, 400-600명 가량의 주민들이 마을을 이루며 살았다. 예수의 고향 나사렛이 전형적인 마을에 속한 것으로 보인다. 마을보다는 크고, 대도시보다는 작은 중간도시는 600-7500명 정도의 다양한 그룹들로 나눌 수 있는데, 예수 당시의 가버나움은 1000-2500명 정도의 사람들이 살았다고 추정할 수 있다. 예수 당시의 갈릴리의 대도시(인구 1만명-6만명)는 세 개가 있었는데, 정치적으로 중요한 세포리스와 디베랴, 경제적으로 중요한 막달라이다. 도시와 마을은 인구수의 차이뿐만 아니라, 사회, 정치, 문화의 차이 때문에 늘 갈등의 요소를 배태하고 있었다.

---

7) Boesen, W., 『예수 시대의 갈릴래아』, 90.

III. 인종적인 상황 : 다수의 유대인과 소수의 이방인

1. 주민의 구성

예수 시대의 갈릴리가 "이방인의 갈릴리"(사 9:1)라고 지칭되는 것은 그것의 복잡한 역사와 무관하지 않다. 그러한 명칭은 이미 갈릴리가 순수한 유대지역은 아니었다는 것을 전제한다. 주전 721년 북왕국 이스라엘이 앗시리아에 의해 멸망당한 후, 그 곳에 이방인이 함께 거주함으로써 갈릴리는 "이방인의 지역"이 된다. 700년 후에 이 이사야의 예언은 복음서 기자 마태에 의해 예수가 나사렛에서 가버나움으로 거처를 옮기는 근거로 제시된다(마4:13). 또한 주전 6세기 남유다가 바벨론의 의해 정복된 후에도 아람사람들과 바벨론 사람들의 이주민들이 갈릴리로 몰려왔고, 헬라 치세 하에서도 서쪽으로 그리스인들과 페니키아인들이 이 땅에 들어왔다. 그래서 주전 200년 경 갈릴리에는 유대인, 메디아 사람들, 아람사람들, 아랍사람들, 페니키아 사람들, 그리스 사람들로 이루어진 다양한 집단들이 존재하고 있었다. 주전 2세기에 일어난 마카비 혁명 때에도 "이방인의 갈릴리"라는 명칭이 등장한다. 갈릴리에 사는 소수의 유대인들이 유다에 사는 유대인들에게 도움을 청하자, 시몬 마카비가 즉시 그들을 구출하여 유다로 데려온다(마카비 상 5:21 이하). 그러나 우리의 관심을 끄는 것은 그의 후손인 히르카누스의 아들 아리스토불로스 1세(주전 104-103년)의 갈릴리 정복이다. 그 때까지 하스몬 왕조의 어느 누구도 갈릴리에 커다란 영향력을 행사할 수 없었다. 그러

나 아리스토불로스는 갈릴리를 정복한 후, 한편으로 이방인 주민들에게
는 할례를 강요하고, 다른 한편으로는 유대인들을 이주시킴으로서 이
지역을 유다와 통합시켰다. 요세푸스는 이러한 아리스토불로스의 유대
화 과정을 이렇게 설명한다. "아리스토불로스는 이두래인(Ituraier)을
정복하였으며, 이 지역 중 많은 부분을 유다에 편입시켰고, 이 주민들에
게 할례를 받을 것과 유다의 율법에 살 것을 강요하였다"(유대고대사
13, 318-319). 이것은 이 땅이 다시 유대지역이 되었다는 것을 의미한다.
이러한 재유대화 정책은 매우 성공하였던 것으로 보인다. 헤롯 대제
이후 이 지역의 일부분이 이방인에 의해 지배를 받기 했지만, 갈릴리는
줄곧 예루살렘 성전제의를 신봉하고, 율법을 고수하였기 때문이다. 따라
서 예수 시대의 갈릴리가 "이방인의 갈릴리"라는 별칭에도 불구하고,
유대주의가 강한 영향력을 행사하는 지역이었다는 사실은 부인될 수
없다. 실제로 복음서에 따르면, 예수는 갈릴리 사역 동안 이방인을 만나
기는 하지만(마 5:1-20, 7:24-30, 7:31-37, 요 4:1-26), 예수 사역의 대상
은 대부분 유대인들이었다. 헤롯 대제(주전 37-4년)와 그의 아들 안티파
스(주전 4-주후 39년)에 의한 헬라화의 요구에도 불구하고, 갈릴리에서
의 이방인들은 소수에 불과했고, 그들은 주로 대도시인 세포리스나 디베
랴에서 살았다. 갈릴리가 이방-헬라 도시들에 둘러싸여 있었고, 종교적,
정치적 중심지인 예루살렘으로부터 멀리 떨어져 있어서, 유대민족의
독특한 형태로 발전하긴 했지만, 예수 당시의 갈릴리 주민의 주요 집단
은 유대인들이었다. 이러한 상황에서 갈릴리 내에서 유대인과 이방인의
갈등이 없었다고 볼 수는 없다. 팔레스틴에서 유대인과 이방인의 갈등이

완전히 해소된 적은 없었다. 복음서에 따르면, 예수와 두 이방인, 즉 수로보니게 여인과 가버나움의 백부장 이야기는 유대인과 이방인 사이의 긴장 관계를 잘 보여준다.

2. 언어와 기질

팔레스틴에서 통용되는 언어는 아람어였지만, 갈릴리 사람들은 아람어 방언을 사용했다. 특히 그들은 순수한 셈어적 표현인 후음을 정확하게 구별하지 못한 것 같다. 타이센(G. Theissen)은 탈무드를 인용하여 어떤 물건을 사기 위해 예루살렘 시장에 온 갈릴리 사람의 이야기를 전해준다.[8] "그 갈릴리 사람이 amar를 달라고 하자 사람들은 그를 비웃기 시작했다. '이 멍청한 갈릴리 놈아! 네 놈이 원하는 게 타고 다닐 거냐(chamar=나귀), 마실 거냐(chamar=포도주)? 아니면 입을 거냐(amar=양털), 그도 저도 아니면 제사에 쓸 거냐?(immar=양)'" 이처럼 갈릴리 사람들은 아람어의 다양한 후음을 발음하지 못했기 때문에, 다른 주민들과 쉽게 구별될 수 있었다. 복음서에 보면, 베드로는 그의 어투 때문에 갈릴리 출신이라는 것이 단번에 드러난다(마26:73). 일반적으로 교육받은 예루살렘의 도시 주민들에게 갈릴리는 경멸할 만한 지방(요 7:52, 행 2:7)이었던 것으로 보인다.

그러나 이러한 사투리 외에도 갈릴리 사람들 특유의 용기와 대담함을 지적할 수 있다. 요세푸스는 갈릴리 사람들의 기질을 "누구에게나 적대

---

8) Theissen. G. / Annette M., Der historische Jesus. Ein Lehrbuch, 손성현 역, 『역사적 예수』 (서울:다산글방, 2002), 255.

적인 공격의 자세'를 취했고, "소년시절부터 전쟁에 익숙했으며", "그들에게는 늘 용기가 넘쳤다"라고 설명한다(유대전쟁사 II 3,2). 이러한 판단의 배경에는 그가 주후 66/67년에 갈릴리의 사령관으로 있던 시절의 개인적 경험도 중요한 역할을 하였을 것이다. 그러나 100여년 동안 지속된 자유를 위한 그들의 투쟁의 역사가 갈릴리 사람들의 기질을 여실히 드러내 준다. 팔레스틴의 어떤 다른 지역에서도 이 시기에 갈릴리만큼 그렇게 용감하게 로마와 예루살렘의 지배자들에게 저항한 곳은 없다. 갈릴리 사람들은 자유를 사랑하였으며, 명예를 재산보다 더 높이 여기는 사람들이었다.[9]

IV. 정치적 상황 : 헬레니즘과 유대교의 공생

신약 시대의 갈릴리와 연관해서 우리의 관심을 끄는 것은 예수가 속해 있던 대략 100년간의 갈릴리의 정치적 상황이다. 특히 거의 90여년에 걸친 헤롯 대제(주전 37-4년)와 그의 아들 헤롯 안티파스(주전 4-주후 39년)의 치세 기간이 중요하다.

1. 헤롯 대제 치하의 갈릴리

헤롯과 갈릴리의 관계는 그가 이스라엘의 명실상부한 통치자가 되기

---

9) Boesen, W., 『예수 시대의 갈릴래아』, 248.

이전에 이미 시작되었다. 주전 47년에 헤롯은 그의 아버지 안티파터에 의해 갈릴리의 통치자(군사령관)로 임명되었다. 이 때 그의 나이는 겨우 25세였고, 신중함 보다는 젊은 혈기와 야망이 앞선 시기였던 것으로 보인다. 그는 예루살렘에 있는 산헤드린과 의논하지도 않고, 갈릴리 출신의 반란군의 괴수 히스기아와 그의 부하들을 처형해버렸다. 예루살렘의 지도자들은 로마의 힘을 등에 업은 그의 행동에 위협을 느꼈고, 헤롯은 그들의 견제를 피해 친구인 섹스투스 케사르(시리아 총독)가 있는 다메섹으로 도망가 버렸다. 이로써 그의 첫 번째 갈릴리 통치는 짧게 막을 내린다. 그러나 헤롯은 급변하는 로마의 정세를 재빠르게 읽고, 유리하게 대처한 자기 아버지의 능력을 그대로 이어 받은 인물이었다. 그는 로마의 통치자들에게 로마의 이익을 대표하는 자로 인정받았고, 결국 주전 40년 당시 로마의 실권자였던 안토니우스와 옥타비아누스가 그에게 유대의 왕위를 부여했다. 그러나 이것은 그저 명목상의 왕위일 뿐, 아직 그에게는 통치할 영토가 없었다. 당시 팔레스틴은 로마에 대항하는 하스몬 왕조의 마지막 왕인 안티고누스(주전　40-37년)와 그를 지지하는 유대 귀족들인 사두개인의 통치 하에 있었다. 따라서 헤롯은 자신의 왕국을 점령하는 일부터 시작해야 했는데, 로마의 도움으로 군대를 마련해서 곧바로 전쟁을 시작하여, 3년 만에 예루살렘을 정복하였다(주전 37년). 이 3년에 걸친 전쟁기간 중에 집요한 저항이 갈릴리에서 일어났다. 주전 38년 헤롯은 갈릴리의 중심지였던 세포리스를 정복하였고, 주변의 외진 곳으로 도망간 자들까지 쫓아가 섬멸하였다. 이로써 전체 갈릴리가 헤롯의 권력 안에 들어 왔지만, 아직도 저항이 모두 끝난

것은 아니었다. 그가 친구인 프톨레마이오스에게 갈릴리를 맡기고, 안티고누스와 싸우기 위해 사마리아로 이동하였을 때, 갈릴리 사람들이 새롭게 봉기하여 프톨레마이오스를 죽이고, 계속해서 주변 지역을 기습하였다. 헤롯이 되돌아와 이 반란군을 진압하기는 했지만, 그가 최종적으로 승리할 때까지 끝까지 저항한 지역이 바로 갈릴리였다는 점은 의미가 있다.

주전 37-4년의 헤롯 대제의 통치 기간 중에 갈릴리는 자료에서 거의 언급되지 않는다.[10] 그러나 그렇다고 해서 갈릴리가 그의 관심 밖에 있었다고 예상하는 것은 너무 성급한 판단이다. 기록에 의하면, 헤롯은 매우 잔혹한 지배자였던 것으로 보인다. 그는 자기의 왕좌를 지키기 위해서는 어떤 폭력행위나 피를 흘리는 것도 마다하지 않았다. 요세푸스에 의하면, 헤롯은 "자신의 모든 부하들을 날카롭게 관찰하여 그들에게 그의 통치에 대한 그들의 불만을 표현할 수 있는 모든 가능성을 빼앗았다… 도처에 그는 정탐꾼을 두었다… 도처에 도시에서건 거리에서건 모든 집회를 감시해야 하는 사람들이 있었다." (유대고대사 XV 10,4) 이러한 그의 엄격한 통치 체제에 갈릴리도 예외가 될 수는 없었다. 예루살렘에서 멀리 떨어져 있었지만, 나머지 다른 모든 땅과 마찬가지로 갈릴리도 헤롯의 잔인한 손길을 느낄 수 있었을 것이다. 따라서 이 시기에 자료들이 갈릴리에 대해서 침묵하고 있다면, 그것은 이 작은 땅이 불평할 이유가 없었기 때문이 아니라, 그 불평을 들어 줄 여유가 없었기 때문이었다.[11]

---

10) 복음서 중에서 마태와 누가만이 헤롯 대제를 언급하는데, 주로 예수의 출생과 관련해서만 나타나고 있을 뿐이다(마 2:1.3.7.12.13.15.16.19.22; 눅 1:5).

2. 헤롯 안티파스 치하 하의 갈릴리

주전 4년에 헤롯이 죽은 후, 팔레스틴은 그의 유언에 따라 살아남은
세 아들에게 분배 되었다.[12] 우리의 관심은 갈릴리와 베레아(남부 트랜
스 요르단 지역)지방을 물려받은 헤롯 안티파스(주전 4-주후 39년)에게
돌려진다. 그는 헤롯과 말타케의 아들로서 아르켈라오의 동생이었다.
그의 치세를 구체적으로 평가한 기록은 발견되지 않지만, 43년이나 되는
긴 기간을 별 무리 없이 통치할 수 있었다는 사실만으로도 그의 통치
능력을 어느 정도 가늠할 수 있다. 그의 통치 기간에 로마의 직접적인

---

11) 헤롯 대제 통치하의 갈릴리에 대해서는 Freyne, S., Galilee. From Alexander the Great
to Hadrian (323 BCE to 135CE), 63-68; Reicke, B., Neustamentliche Zeitgeschichte. Die
biblische Welt 500 v. - 100 n. Chr., 한국신학연구소 번역실 역, 『신약성서 시대사』 (서울:
한국신학연구소, 1986), 138-139 ; Boesen, W., 『예수 시대의 갈릴래아』, 249-256 참조.
12) 정치적으로나 종교적으로 제일 중요한 지역인 유다와 사마리아와 이두매는 헤롯과 사마리아
여인 말타케의 아들이었던 아르켈라오(주전 4-주후 6년)에게 넘어갔다. 그러나 그의 통치는
너무 잔인하고, 제멋대로였기에 아우구스투스는 유대인들과 사마리아인들의 불평에 의거하여
그의 재산을 몰수하고, 주후 6년에 론 계곡에 있는 비엔나로 추방하였다. 복음서에는 그의
이름이 마태에만 나오는데, 그의 잔인함 때문에, 요셉은 애굽에서 돌아오는 길에 베들레헴으로
가지 않고, 갈릴리로 가서 나사렛에서 새 고향을 찾게 된다(마 2:22). 그가 퇴임한 후에 유다와
사마리아와 이두매는 가장 먼저 로마 총독령으로 선포되고 시리아 총독의 감독아래 지방관에
의해 다스려졌다. 예수의 재판으로 알려진 본디오 빌라도는 다섯 번째 지방관(주후 26-36년)이
다. 또한 겐네사렛 호수의 동쪽과 북쪽 지역, 즉 북부 트랜스 요르단 지역(트라코니티스,
바타내아, 아우라니티스 가울라니티스 그리고 이두매의 일부 지역)은 빌립(주전 4-주후 37년)
에게 주어졌다. 그는 헤롯과 예루살렘 출신의 클레오파트라의 아들이었다. 이 지역은 매우
넓긴 하지만, 헤롯의 유산 중에서 별로 중요한 땅은 아니었다. 이 곳은 사람들이 드물게
살았고, 주민들은 압도적으로 시리아와 그리스 사람들이 모여 살았다. 빌립은 그의 아버지처럼
건축을 좋아하여, 옛 파네아스를 가이사랴 빌립보로 명명하고, 자신의 영토의 수도로 삼았고,
벳세다를 율리아스로 명명하여 새로 건립했다. 복음서에서 그의 이름은 눅 3:1에 잠간 등장하
지만, 그의 도시인 가이사랴 빌립보에서 유명한 베드로의 신앙고백이 이루어졌고, 그의 아내는
세례요한의 처형 때 춤을 춘 헤로디아의 딸 살로메로 알려져 있다(막 6:17-29). 주후 37년,
그가 죽은 후 이 지역은 몇 년 동안 시리아 지방에 편입되었고, 후에 주후 41-44년에 아그립바
1세에게 넘어갔다.

내정 간섭이 없었다는 점, 그에 반항하여 일어난 반란이 거의 없었다는 점은 무엇보다 그의 외교 능력의 탁월함을 보여준다. 그는 그의 아버지 헤롯 대제처럼 폭군은 아니었지만, 대체로 그의 아버지의 정책 노선을 따른 것으로 보인다.[13] 주전 4년 헤롯 안티파스가 갈릴리의 분봉왕이 되었을 때, 갈릴리는 어느 누구에게도 깊은 인상을 주지 못하는 특색이 없는 땅에 불과했다. 그러나 안티파스는 이 생명력이 없는 땅에 정치적 생명을 불어 넣었는데, 그 생명력은 그의 아버지에게 물려받은 건축의 열정에서 절정을 이루었다. 프레인(S. Freyne)에 따르면, 이러한 건축 활동은 "아마도 정치적으로 가장 의미 있는 안티파스의 행동" 이었다.[14] 헤롯 안티파스의 건축 상의 치적은 세포리스와 디베랴라는 두 헬레니즘 적 도시의 건설로 요약될 수 있다. 그의 통치 초기에 안티파스는 하부 갈릴리의 중심부에 있던 세포리스를 재건하여, 분봉국의 수도로 삼았다. 이 곳은 본래 갈릴리 저항세력의 본산지였고, 그래서 주전 4년 시리아의 총독 바루스에 의해 파괴된 헬라식 도시였다. 그러나 안티파스는 세포리 스를 재건하고, 튼튼한 성벽을 쌓아 이 곳을 요새화했다. 요세푸스에 의하면, 안티파스에 의해 재건된 세포리스는 "전체 갈릴리의 자랑거리" 가 될만했다. 그러나 그의 건축사업의 절정은 갈릴리에서 가장 아름다운 게네사렛 호숫가에 새로운 도시를 건설한 것이었다. 그는 이 곳을 당시 로마 황제 헌정하는 의미에서 디베랴라고 명명하고, 수도를 세포리스에 서 이 곳으로 옮겼다. 디베랴 건설은 헤롯 안티파스의 모든 업적 중에서

---

13) Reicke, B., 『신약성서 시대사』, 128-139; Freyne, S., Galilee. From Alexander the Great to Hadrian (323 BCE to 135CE), 68-71; Boesen, W., 『예수 시대의 갈릴래아』, 256-266.
14) Freyne, S., Galilee. From Alexander the Great to Hadrian (323 BCE to 135CE), 69.

가장 영구적인 업적이 되었고, 이 도시는 오늘날도 현존한다. 안티파스는 세포리스와 디베랴를 통해 갈릴리의 두개의 가장 중요한 지역인 하부갈릴리와 겐네사렛 호숫가 지역을 정치, 사회, 문화적으로 중요한 중심지로 만들었다.[15]

두 도시의 건설은 헤롯 안티파스가 그의 아버지처럼 헬레니즘과 로마의 신봉자였음을 여실히 보여준다. 그는 두 도시의 시설들을 방어시설에만 국한시키지 않고, 이 두 도시에 오히려 헬라도시의 전형적인 건축물을 설치하였다. 세포리스에는 가파른 지형을 훌륭하게 이용한 극장이 건설되었고, 디베랴에는 동물들의 상으로 치장된 화려한 궁전과 경기장들이 들어섰다. 특히 디베라는 묘지 위에 세워진 도시였기에 유대인들은 부정한 곳이라고 하여 거주하려고 하지 않았다(민 19:16). 그래서 안티파스는 이방인이나 율법을 지키지 않는 주민들을 이 곳으로 이주시켜야 했다. 이러한 이유로 예수와 그의 제자들도 디베랴가 중요한 곳이었으나 그 곳을 피한 것으로 볼 수 있다. 복음서 어디에도 예수와 그의 제자들이 이 곳을 방문했다는 기록은 찾아볼 수 있다. 그러나 안티파스는 일방적으로 헬라적 정책만을 고집한 어리석은 통치자는 아니었다. 그는 또한 유대인의 경건성을 포기하지 않은 것으로 보인다. 그는 유대 축제 때에 예루살렘으로 올라갔으며, 자신의 아버지처럼 동전에 자신의 초상화를 새기는 것을 포기했다. 또한 황제의 이름이 새겨진 금방패를 예루살렘의 헤롯 궁정에 설치하자는 빌라도의 조치를 거절하였다.[16] 이런 방식으로

---

15) 이에 반해 상부살릴리는 높고, 접근하기 힘든 산악고원이기 때문에 계속 고립되었던 것으로 보인다.

16) Reicke, B., 『신약성서 시대사』, 138.

각기 상이한 이해관계를 조정하였기에, 그는 30년 넘게 커다란 혼란 없이 통치할 수 있었다. 그러나 그의 이러한 이중적 경향은 갈릴리 주민의 다양한 반응을 초래한 것으로 보인다. 일부는 헬레니즘의 직접적인 영향으로 유대법을 소홀하게 되었고, 일부는 오히려 그에 대한 역반응으로 유대의 정체성을 엄격하게 지키도록 자극했다. 그러나 세 번째 부류의 사람들은 새로운 길, 즉 유대교와 헬레니즘의 일종의 공생을 유지한 것으로 보인다. 안티파스도 아마 이러한 공생의 길을 제시하고자 했던 것 같다. 그러므로 안티파스가 지배했던 갈릴리에서 "새로운 종류의 갈릴리 유대인이 출현했는데, 그들은 헬레니즘 사람들이며, 동시에 유대인들" 이었다는 프레인의 판단은 잘못된 것이 아니다.[17]

안티파스가 그의 아버지처럼 폭력적인 인물은 아니었지만, 그가 세례자 요한을 처형한 것은 그의 냉정한 강권정치의 한 면을 보여 주는 것이다. 그는 나바테아 왕국의 공주와 결혼하였으나, 그의 형수 헤로디아 때문에 그 공주와 이혼하였다. 세례자 요한이 그의 이중간음을 질책한 것도 이런 배경에 연유한다. 아마도 그는 세례자 요한의 영향으로, 동요가 일어날 것을 두려워했던 것으로 보인다. 여하튼 이 때 문제가 되었던 그의 부인 헤로디아 때문에, 그의 통치 말년은 불행한 시기였다고 할 수 있다. 욕심 많고, 지배욕이 강한 부인 헤로디아의 충동으로 로마에서 왕위를 줄 것을 청원하였을 때, 그는 그의 처남 아그립바의 술책으로 변덕스런 칼리큘라에 의해 주후 39년에 갈리아에 있는 리용으로 추방되었다.

---

17) Freyne, S., Galilee. From Alexander the Great to Hadrian (323 BCE to 135CE), 71.

3. 저항운동가들

예수 시대의 갈릴리가 비교적 평온한 시기였음에도 불구하고, 늘 갈등의 여지가 있었다는 사실은 꾸준히 지속된 갈릴리에서의 저항 운동에서 찾아볼 수 있다. 앞에서 이미 언급한 것처럼, 주전 47년에 가말라 출신의 "도둑의 괴수" 히스기아와 그의 군대가 로마에 대해 반기를 들자, 당시의 갈릴리의 총독이었던 헤롯대제가 처형하였다. 요세푸스가 이들을 "도적들" 이라고 부르지만, 실제로 그들은 극단적인 민족주의자들이라고 할 수 있다. 또한 주전 4년에 헤롯대제가 죽은 후, 헤롯의 폭력통치에 저항하는 소요와 봉기가 일어났다. 이 때의 지도자는 헤롯대제에 의해 처형된 히스기아의 아들로서, 가말라 출신의 (율법학자) 유다였다. 사도행전 5:37에서는 그를 갈릴리 사람 유다라고 소개한다. 그는 세포리스에서 일어나 그 도시의 병기 창고를 습격하고 그 곳에 보관된 무기와 재물을 약탈했다. 그러나 시리아의 총독 바루스의 군대가 급히 와서 이 도시를 불태우고, 주민들을 노예로 팔아버림으로써 반란군의 저항은 수포로 돌아갔다. 그로부터 10년 후, 주후 6년에 시리아 총독 퀴리노가 정확한 과세를 위해 인구조사를 하였을 때, 이 갈릴리 유다는 바리새파 출신의 사독의 지지 하에 또 다시 예루살렘에서 봉기했다. 요세푸스는 여기에서 유대교의 제 4 철학파, 즉 열심당의 시작을 본다(유대고대사 XVIII 1-6). 사도행전 5:37에 따르면, 그는 살해되었고, 그의 추종자는 모두 흩어진 것으로 보인다. 그러나 그는 죽었지만, 그의 저항정신은 끝나지 않았다. 그의 두 아들 야곱과 시므온은 주후 46-48년 사이에 로마의 직접적인 통치에 반대하여 봉기하였는데, 로마의 총독 티베리우스 알렉산더에 의해 십자가에 처형되었다.[18] 마지막으로 엘레아잘 벤 야이르를 들 수 있는데, 그는 갈릴리 유다의 손자였다. 그는 유대전쟁(주후 66-74년) 때, 대략 천여 명의 남자들과 여인들과 아이들을 데리고 암벽 요새 맛사다로 도주하여, 거기에서 3년 동안 저항하다가 다른 사람들과 함께 자결하였다.

이처럼 갈릴리의 수많은 사람들을 봉기로 이끈 것은 사회에 대한 일시적인 불만의 표출이 아니라, 급진-신학적인 강령과 결부된 사회혁명의 기대(희망)였다고 할 수 있다. 그들은 오직 하나님 한분만의 통치를 인정한다. 이러한 유일신 사상은 위기의 상황에서 묵시적 종말론과 연결되어, 하나님이 불의한 현시대를 정리하고, 새 시대를 오게 하신다는 확신으로 이어진다. 그렇다면, 하나님의 진정한 통치는 어떻게 일어나는가? 그들에 따르면, 하나님의 기적적인 간섭을 무작정 기다리는 것이 아니라, 폭력을 통해서라도 인간이 함께 협력해야 할 책임이 있다는 것이다. 타이센은 이것을 "혁명적 협력설"이라고 규정하고, 구체적인 실행은 세금납부를 거절하는 것이라고 말한다.[19] 이러한 의미에서 갈릴리에서의 봉기는 끝없는 자유 사랑이 밑바탕에 깔려 있는 지배세력과 피지배세력 간의 갈등을 반영해 주고 있다고 볼 수 있다.

---

18) 행 5:36-37은 이들의 반란을 갈릴리 유다의 반란으로 보고 있기 때문에, 갈릴리 유다가 드다의 반란(44년초)보다 연대기적으로 뒤에 온 것이 아닐까?
19) Theissen. G. / Annette M., 『역사적 예수』, 220.

V. 경제, 사회적 상황 :
다수의 빈민층과 소수의 상류층

1. 경제수단

신약시대의 갈릴리의 주요 경제수단은 농업과 어업이었다.[20] 이미 언급한 것처럼, 비옥한 토양과 유리한 기후 조건으로 인해 농업이 갈릴리 경제생활의 기반을 이루었다는 것은 놀라운 일이 아니다. 겐네사렛 북서쪽에 있는 겐네사르 평원에 대해 요세푸스는 이렇게 서술한다. "토양은 아주 기름지기 때문에 모든 식물들이 자랄 수 있고, 주민들은 가능한 모든 종류의 식물을 심었다. 특히 뛰어난 기후는 다양한 종류의 농산물이 자라는 것을 촉진시켰다. 더위에서만 자라는 야자수들과 마찬가지로 대체로 서늘함이 필요한 호두나무들도 그 곳에서 대단우로 자랐다... 토양은 아주 다양한 종류의 과일을 1년에 한번 뿐만 아니라 계속해서 소출했다. 토양은 이렇게 중요한 과실들, 포도와 무화과를 열 달 내내 쉬지 않고 달리게 하며, 또한 그 밖의 다른 과실들도 1년 내내 이들 과실과 함께 익어갔다." (유대전쟁사 III 10,8) 유리한 자연적인 요건 안에서 갈릴리 지역에 사는 대부분의 주민들이 직, 간접적으로 농업에 종사했다.[21] 주된 수확물은 포도와 무화과와 올리브 열매와 밀이었는데,

---

20) 이러한 의미에서 프레인이 갈릴리의 경제적, 사회적 생활을 전체적으로 농촌의 기풍과 연관시킨 것은 타당하다. Freyne, S., "Hellenistic/Roman Galilee", Anchor Bible Dictionary V.2, ed. D.N. Freedman (New York: Doubleday, 1992), 897.
21) 뵈젠은 적어도 갈릴리 주민의 3분의 2가 농업으로 생계를 유지했다고 판단한다. Boesen, W., 『예수 시대의 갈릴래아』, 290.

특히 이스르엘 평원과 겐네사렛 호수 북쪽의 고라신과 가버나움 지역 및 하부 갈릴리의 아르벨 계곡에서 생산되는 밀은 유명했다. 이러한 나무 열매들과 밀 등은 생선과 함께 시돈과 두로 등으로 수출되어 중요한 수출자원이 되었다.

또한 갈릴리에서는 농업과 함께 어업도 중요한 생계수단이 되었다. 갈릴리 호수에는 20여 종의 물고기들이 살고 있었는데, 그 중에서도 등지느러미 돌기를 가지고 있는 베드로 고기가 유명하였다(유대전쟁사 III 10,7).[22] 특히 호숫가 연안에 있던 가버나움과 대 도시 막달라와 디베랴의 주민들은 주로 생선으로 먹고 살았다고 해도 과언이 아니다. 이 지역에서 잡힌 생선들은 말리고, 소금에 절여 두로와 시돈 등의 이웃 도시 뿐만 아니라, 멀리 로마에까지 수출되었다. 이 때에 동쪽 다메섹에서 지중해까지 연결되는 상업로였던 Via Maris가 중요한 역할을 하였다. 따라서 갈릴리의 농업과 어업의 발전은 자연적인 조건 외에 이러한 중요한 교통의 요지로서의 위치도 고려되어야 한다.

농업과 어업 외에 갈릴리 경제에서 과소평가될 수 없는 것이 바로 수공업이다. 예수 시대에 수공업은 대체로 존경을 받았고, 제사장들과 상당히 많은 율법학자들 수공업을 익혔다. 예수 시대의 유명한 두 랍비 중에 샴마이의 직업은 목수였고, 힐렐의 직업은 벌목공이었다고 전해진다. 예수는 아버지의 직업을 이어받은 목수였다. 목수는 주로 쟁기와

---

22) 갈릴리 호수는 헬몬산 쪽에서 불어 닥치는 강한 바람 때문에, 갑작스런 풍랑이 일기도 하였다 (막 4:35-41). 대부분 고기는 밤에 잡는데, 그렇다고 고기가 늘 많이 잡힌 것은 아니었다(눅 5:5-7). 많은 어부들 내지는 어부 가족들이 동아리를 이루어 합동으로 일했다는 것도 고려해야 하는데, 배와 그물들을 각자 개인으로 사기에는 너무 비싸기 때문이다(막1:20). Boesen, W., 『예수 시대의 갈릴래아』, 293-294.

멍에를 제작하는 사람을 뜻한다.[23] 특히 갈릴리에서는 건축업과 아마포 직조업, 도기업과 유리제조업이 유명했다. 정확하게 수공업에 종사하는 사람들이 얼마나 되는지는 알려지지 않고 있지만, 농부와 어부들의 수보다는 적었다는 사실만은 확실하다.

빈약하긴 하지만, 상업도 어느 정도 성행한 것으로 보인다. 시장은 주로 큰 도시들을 중심으로 이루어졌는데, 갈릴리에서 자주 언급되는 시장의 중심은 단연 세포리스와 디베랴의 시장이었다. 상인으로서는 세 종류의 그룹이 있는데, 자신들의 잉여 농산물을 다른 물건과 바꾸거나 돈 받고 파는 주변 마을들의 농부들과 그들이 스스로 만든 생산품들을 팔려고 내놓은 지방에 거주하는 수공업자들, 그리고 중간상인으로 일하며 사들인 물건들을 되파는 정주 상인들이 그들이다. 매매를 하기 위해 소읍이나 도시로 마을사람들이 몰려오는 공식적인 장날은 월요일과 목요일이었다. 그러나 갈릴리에서 상업 다음 그림에서 보여주는 것처럼 전체적으로 경제 행위의 작은 부분만을 차지했음이 분명하다.

---

23) Theissen. G. / Annette M., 『역사적 예수』, 259.

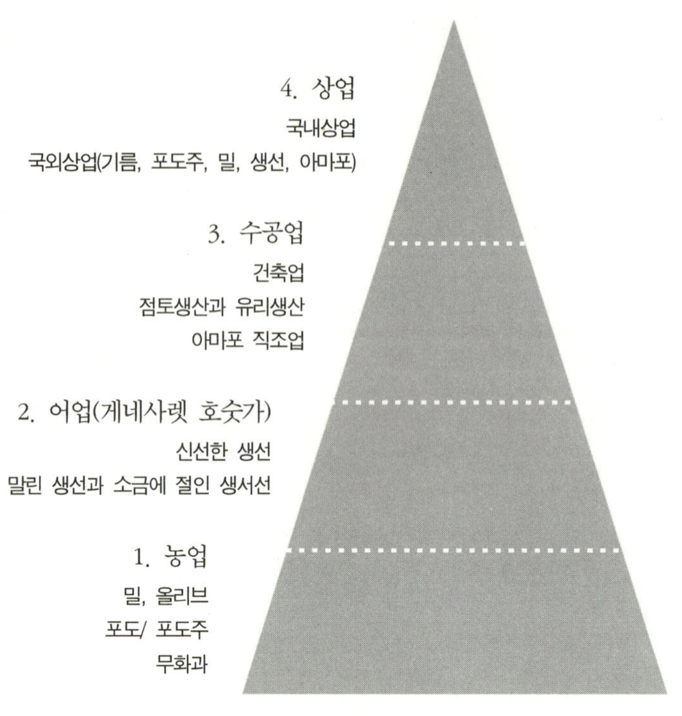

〈예수 당시의 갈릴리의 경제 피라미드〉[24]

2. 사회 계층

고대의 다른 사회들처럼, 예수 당시의 갈릴리 사람들 역시 대부분 가난한 사람들이 많았다. 예수 당시의 사회 상황을 보여주는 사회 피라 미드가 보여주는 것처럼, 다양한 직업을 가진 하층의 사람들이 다수를

---

24) Boesen, W., 『예수 시대의 갈릴래아』, 288.

차지하고 있고, 수공업자와 소농을 중심으로 한 중간층이 있으며, 그 꼭대기에 얼마 되지 않는 소수의 재력가들, 즉 세금 징수원과 대지주와 대상인들이 자리 잡고 있다.

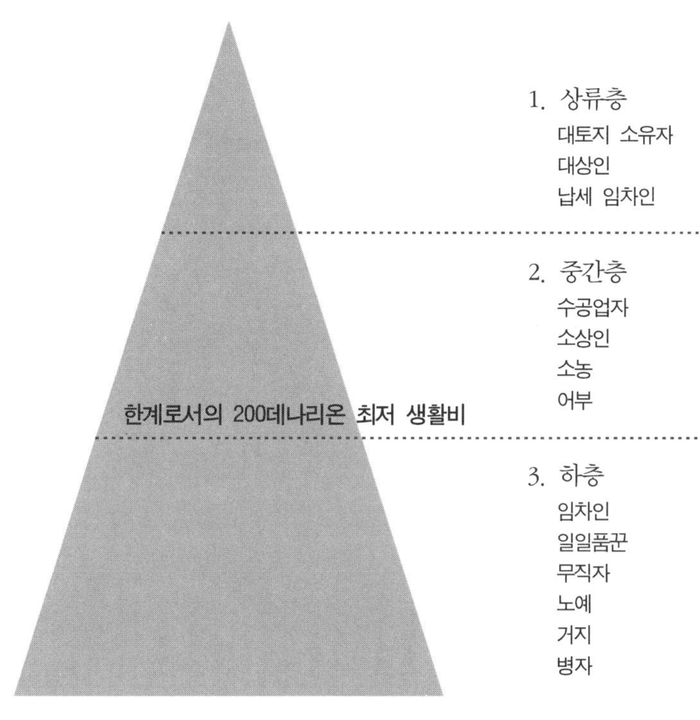

〈예수 당시의 갈릴리의 사회 피라미드〉25)

세금징수원은 특정한 지역이나 단체, 상품이나 인력에 대해서 납세권과 관세권을 가지는데, 일반적으로 부유했고, 높은 중산층 내지는 상류

---

25) *Ibid.*, p. 300.

층에 속했다. 세금의 액수는 매우 불확실하기 때문에 속임수가 난무하였
고(눅 19:8), 따라서 이 직업에 대한 인상은 부정적이었다(마 2:16, 눅
19:7).[26] 당시에는 땅이 주된 재원이었기 때문에 사회적인 계층도 땅의
소유 여부와 밀접하게 연관되어 있었다. 따라서 토지와 땅을 많이 소유
한 자가 상류층에 속하는 것은 당연한 일이다. 예수 당시의 갈릴리의
대사유지는 비옥하고, 경작하기 좋은 평원에 있었고, 경사지나 언덕의
꼭대기에 있는 비옥하지 않는 소규모의 산악지대는 대부분 소농에게
남겨졌다. 소농들의 대부분이 자신들의 삶을 걱정해야 하는 반면에,
대지주들은 사치스러운 생활을 즐기며(눅 16:19), 그 땅 밖에서 살며(막
12:1, 13:35, 마 25:14), 때때로 시찰하거나(마 25:19, 눅 16:2), 이익금을
받기 위해 들어온다(막12:2, 마25:20,28). 대사유지는 농부들에게 임대
해 주거나(막 12:1), 또는 관리인이나(마 20:8, 눅 16:1), 종이나 농장
일꾼이나 일일노동자들(마13:24-30, 20:1-16, 눅 15:17)에 의해 경작되
곤 하였다.

중간층의 대표자들은 수공업자, 소임차인들, 어부들과 소농들로 이루
어져 있다. 주민의 핵심이 되는 소농이 대다수이며 이들은 평균 8-10
헥타르의 땅을 6-9명 가족전체가 경작한다. 일반적으로 소출의 많은
부분을 자기 자신들이 사용하고 나머지는 시내에 가서 교환하거나 판다.

---

26) 복음서에 나오는 "세리" 는 이중의 의미를 지니는 것으로 보인다. 하나는 특정한 지역이나
　단체에 대해 관세권과 조세권에 대해서 고정된 액수를 그때그때 영주로부터 임대하는 자,
　또 하나는 전자가 고용한 고용자를 의미한다. 전자가 높은 중류층이나 상류층에 속하는 반면,
　고용된 자는 대부분 하층에 속하며, 드물지 않게 무직자나, 노예들이기도 함. 여리고에서
　만난 삭개오가 전자의 예라면, 예수와 함께한 대부분의 세리들은 고용인들이었을 가능성이
　크다.

그러나 이 시대의 농부들은 심한 노동에도 불구하고 자신과 가족을 근근이 먹여 살릴 수 있었고, 아주 절약을 하더라도 언제나 빈곤했다. 그들이 가난에서 벗어날 수 없었던 것은 무엇보다도 땅과 수확물에 대한 무거운 세금 때문이었다. 여기에다가 흉년이나 갑작스런 질병, 전쟁과 노략질, 기근 등으로 작은 소유지를 팔아야 할 상황이 존재한다. 그렇게 되면, 이전에 독자적인 소농이 자신의 땅의 소작인이 되거나 또는 그 땅에서 일일노동자로 일해야 한다. 따라서 이 중간층의 사람들은 언제나 하층으로 몰락할 수 있는 유동성이 있는 계층이었다.

마지막으로 소작인, 무직자, 노예, 거지, 병든 자들이 당시 사회의 가장 넓은 부분을 차지하는 최하층의 그룹에 속한다. 이들의 공통점은 노동력 외에는 아무 것도 가지고 있지 못하다는 것이다. 그래도 일자리를 찾는 한 그럭저럭 먹고 살수는 있었지만, 일자리가 없는 사람들은 공적인 사회조직이 가난한 자들에게 건네주는 구제 빵으로 만족해야 했다. 특히 예수 시대의 갈릴리는 기아와 전쟁, 잘못된 치세로 인해 가난이 극에 달했다. 그래서 고국 팔레스틴을 등지고, 외국으로 이주하는 사람들도 많았다. 결과적으로 갈릴리에서도 비교적 몇 안 되는 부자 집단과 광범위한 가난한 대중 사이의 간극은 매우 컸다는 것을 알 수 있다.

3. 가난한 자와 부자간의 내재적 갈등

앞에서 언급한 피라미드형의 사회 구조는 균형을 이루기보다, 중간층이 유동적인 불안한 형태를 띠고 있었다. 따라서 소수의 불안한 중간층을 사이에 두고 상류층과 하층민 사이의 계층적 차이가 극대화되는 현상이 나타났다. 이러한 가난한 사람들과 부자들 사이의 사회-경제적 긴장 관계는 비유에 자주 등장한다. 대지주들에게 땅은 착취의 원천이었다. 대지주에게 예속된 소작인들은 마음에 원한을 품고 자신들이 거둔 수확물을 바쳤다. 사악한 포도원 소작인의 비유는 소작인들 사이에 퍼져 있었던 반란의 분위기를 반영하고 있다(막 12:1 이하). 소작인보다 더 열악한 상황에 처해 있던 사람들은 아무 것도 가진 것이 없는 품삯노동자들이었다. 마 20:1-16은 이들의 처지를 묘사한다. 불공정한 처우에 대해서 이들이 할 수 있는 것은 불평하는 일 뿐이었다. 소농들은 어디에 예속되어 있지는 않았지만, 가족들과 함께 근근이 살아가고 있었다. 수확이 신통치 않아 조세를 내고 가족을 부양하고 다음 해 농사를 위한 종자를 확보할 정도가 되지 않으면, 이들은 언제나 채무의 위협에 시달려야 했다. 두 개의 비유가 이런 빚의 문제를 전제하고 있다(마 5:25 이하, 18:23 이하). 땅을 상실한 소농은 소작인으로 전락하거나 이주를 하고, 혹은 사회적 위계의 최하층에 속하는 품삯 노동자나 거지, 강도떼가 되었다.[27] 따라서 이 광범위한 하층그룹이 현 상태의 개선을 약속하는 사회혁명운동과 결부되는 것은 갈릴리에서도 예외는 아니었다. 그들은 실제로 가난한 사람들이었고, 이러한 현실의 전복을 애타게 바라는 사람들이었다.

---

27) Theissen. G. / Annette M., 『역사적 예수』, 260.

VI. 종교적 상황 : 개방성과 전통성의 공존

예수 시대의 갈릴리 유대인의 종교적 특성을 평가하기 위해 고려해야 할 두 개의 주요 요인은 갈릴리 안팎의 헬레니즘의 영향과 예루살렘과의 결속이다. 이러한 두 요인은 갈릴리가 종교적으로 중심지인 유다 지역보다 더 개방적이면서도, 주변지역으로서 자기 정체성에 집착하는 독자적인 유대교의 길을 가게 했다. 예수 시대의 갈릴리는 지리적으로 종교적 중심지인 예루살렘으로부터 멀리 떨어져 있었고, 주위의 이방 도시들 사이에서 "섬"처럼 고립되어 있었기 때문에 이방의 헬레니즘의 영향을 피할 수 없었다. 동쪽으로는 이방인이 대다수인 데가볼리 지역과 연결되어 있고, 서쪽과 북쪽으로는 페니키아인의 도시들과 접해 있으며, 남쪽으로는 이방인의 도시 스키토폴리스와 연이어 있었다. 또한 비아 마리스와 같은 중요한 상업도로 주변에 있던 가버나움, 막달라, 세포리스, 가나 등의 도시는 날마다 통과하는 외국인과 접할 수밖에 없었다. 뿐만 아니라, 갈릴리의 대도시 디베랴, 세포리스는 광범위한 활동으로 이방-헬라 문화의 중심지로 여겨졌다. 이것은 그 좁은 공간 안에서 유대인들과 이방인들이 나란히 살아간다는 것만 의미한 것이 아니라, 극장(세포리스)이나 경마장(디베랴) 그리고 전차 경주장(막달라)과 같은 문화시설을 통해서 헬라 문화에 직접 노출되어 있다는 의미이다. 즉 갈릴리에 사는 보통 사람들은 이방인과 그들의 문화에 결코 낯설지 않았다. 주민의 대다수가 하스몬 왕조 치하에서 비로소 이 지역으로 이주해 온 다양한 혈통의 유대인임을 감안한다면, 그들의 헬레니즘 문화에 대한 개방성은

보다 더 쉽게 예상할 수 있다. 그러나 이러한 헬레니즘에 대한 영향과 함께 예루살렘과의 결속을 보여주는 다음과 같은 두 가지 점이 간과되어서는 안 된다. 즉 갈릴리 사람들이 종교 중심지로서 예루살렘 성전과 확고하게 연결되어 있다는 점과 갈릴리가 저항운동의 본산이라는 점이다. 전자는 주로 매년 바치는 성전세와 십일조, 그리고 절기 순례를 통해 표현되었다. 성전세는 반세겔로 주로 갈릴리 마을에서 수급되었으며(마 17:24), 갈릴리 주민들은 일년에 세 번 있는 순례 축제 중 하나에는 규칙적으로 참여했다(눅 2:41 이하).[28] 여기에 디아스포라 유대교의 경우처럼, 회당을 중심으로 한 종교생활을 포함시킬 수 있을 것이다. 지정된 예배장소인 회당에서 그들은 기도하였고, 성서를 연구하고, 재판하며, 어린이들에게 율법을 가르침으로써 유대인의 경건함을 유지할 수 있었다. 후자의 저항운동 역시 하나님만이 홀로 주이며, 왕임을 인정하는 유대적 경건함의 발로라고 할 수 있다.[29]

　따라서 갈릴리의 종교성에 대해 말할 때, 다음과 같은 이중적인 측면이 고려되어야 한다: 이방인들과의 밀접한 연관성이 패쇄 된 예루살렘에 비해서 갈릴리의 유대교에 특별한 영향을 끼친 반면에, 다른 한편, 갈릴리의 민족적인 경건함은 주로 유대적-율법적인 경건함이었다는 사실이다. 즉 예수 당시의 갈릴리의 경건성은 개방적이었으며, 동시에 전통적

---

28) Boesen, W., 『예수 시대의 갈릴래아』,416-418.
29) 동일한 맥락에서 타이센은 예수 당시의 갈릴리의 유대적 특성을 다음과 같이 평가한다. "예수 시대의 갈릴리는 유대적 색채가 두드러진 곳이었고, 그 곳 주민들은 성전을 아꼈으며, 민족 사이의 차이에 관심이 있었고, 구전이나 문자의 형태로 전해져 내려 온 토라의 규정을 아마도 특별한 지역적 특징을 살려 준수하고 있었다는 사실만큼은 전혀 의심의 여지가 없다." Theissen. G. / Annette M., 『역사적 예수』, 269.

이었다고 요약할 수 있다. 그리고 이러한 헬라문화에 대한 개방성과 전통성이 예수의 사역에도 적지 않게 영향을 끼쳤음은 당연한 일이다.

VII. 나가는 말

예수의 여정은 하부 갈릴리 나사렛에서 출발하고, 갈릴리 호수 북쪽의 가버나움에서 그 절정을 맞이한다. 가버나움을 기점으로 예수는 갈릴리 주변을 거닐며, 갈릴리 사람들에게 하나님 나라의 복음을 선포했다. 이 당시 갈릴리가 로마의 직접적인 통치를 받은 유다의 경우보다는 비교적 평화로웠다고 할 수는 있지만, 그렇다고 정치, 경제, 사회, 문화적 갈등에서 벗어날 수는 없었다. 예수의 가르침은 헬레니즘의 거센 도전과 갈등으로 가득한 세상을 향해 선포되었고, 예루살렘의 십자가는 그러한 갈등의 역사적 결과라고 할 수 있다. 그럼에도 불구하고 예수의 활동 영역으로서의 갈릴리는 그 동안 올바로 평가 받지 못한 것이 사실이다. 전통적인 신약의 역사비평 연구에서 고고학과 영토사는 오랫동안 무시되어 왔다. 그러나 이것은 매우 안타까운 일이다. 역사적 인물은 역사적 맥락에서 이해되어야 하며, 모든 역사적 사건은 그 사건이 일어난 장소를 고려할 때 생동감을 얻기 때문이다. 그렇다면 예수 시대의 갈릴리 이해는 예수 이해의 첫걸음이라고 할 수 있다. 앞으로 갈릴리에 대한 연구가 더 활발하게 진행되기를 기대해 본다.

04

예수와 갈릴리

*** 김춘기 교수

예수와 갈릴리

김춘기 교수[※]

Ⅰ. 시작하는 말

얼마 전 성지순례를 갔을 때 가장 인상 깊었던 곳이 바로 갈릴리 호수였다. 이른 아침 호숫가에 가 보니 옅은 물안개가 일고 있었다. 호수 물은 너무나 투명하고 잔잔했다. 먹이를 찾는 새들이 이른 새벽하늘을 날고 있었으며 바람 한 점 없었다. 그 투명한 갈릴리 호수 물에 손을 담가 보았다. 그리고 물속에 있는 작은 조약돌을 건져 손 안에 쥐어 보았다. 문득 이런 생각이 났다. 2000년 전 그 분도 이 호수에 손을 담그고 있지 않았을까. 그리고 새벽안개를 헤치고 나르는 저 새들을 바라보지 않았을까. 그 순간 2000년이란 시간의 간격이 갈릴리 호수에 손을 담그는 행위에서 순식간에 무너지는 것 같았다. 그 분이 바로

곁에 계신 것 같은 착각을 한 것이다.

그 때 생각을 하면서 예수와 갈릴리라는 주제를 접하니 느낌이 남다르다. 우린 너무 신앙적으로 아니면 신학적으로 예수를 생각하고 만나려 하는지도 모른다. 오히려 이런 것들이 예수와 만남을 제한시킬 수 있다. 그 분의 숨결을 직접 느끼면서 그 분과 대화 할 수 있다면 긴 시간의 간격도 일순에 극복할 수 있을 것이다. 그런 마음으로 글을 써 보고자 한다. 이 글에서 살아 계셔서 우리의 곁에 있는 예수를 느낄 수 있기를 바라는 마음이다.

II. 예수 시대의 갈릴리

예수는 갈릴리 나사렛 출신이다. 이것은 예수가 갈릴리라는 구체적인 환경 속에서 자라났다는 것을 뜻한다. 예수가 살고 있던 시대의 갈릴리는 한 작은 땅에 불과했다. 면적은 1400-1600 제곱 km 정도이며 서쪽 경계에서 동쪽 경계까지의 거리는 35-40km 이고, 남쪽 경계에서 북쪽 경계까지는 50-55km이다.[2] 그렇다면 갈릴리는 어느 지역에 살든지 그 사람이 다른 지점까지 걸어서 갈 수 있는 시간은 아무리 멀어도. 기껏해야 2-3일이면 되는 좁은 땅이다.

이런 갈릴리는 크게 세 부분으로 나눌 수 있다. 첫째는 북부 산악지대이다(600-1200m). 이 부분은 복음서에서 전혀 언급되어 있지 않은 지역

---

2) 빌리발트 뵈젠 『예수시대의 갈리래아』, 황현숙 옮김 (천안: 한국신학연구소, 1998), 44-45.

이다. 둘째는 남부 저지대이다(100-600m). 이곳은 예수의 고향인 나사렛이 있는 지역이다. 셋째는 갈릴리 호수 연안이다. 이곳은 예수의 활동의 중심지로서 신약성서에 특별히 중요한 의미를 지니는 지역이다.

요세푸스(F. Josephus)는 당시 갈릴리를 설명하면서 호수 주변 지역이 얼마나 비옥한 땅인지 게으름뱅이들까지도 그 땅을 경작하기 위하여 이주했다고 전하고 있다.[3] 갈릴리는 분명 남 유대보다 물이 풍부했으며 기후도 온화하고(13도-22도) 비도 많이 와서(600-1100mm) 농사 짓기에 좋은 땅이다. 주로 밀과 포도나무와 올리브 농사를 하였다. 그럼에도 불구하고 갈릴리 농민들은 가난한 소작농이었다. 그들의 형편이 어려웠던 것은 무엇보다도 땅과 생산물에 대한 무거운 세금 때문이었다. 여기에다 대 도시에 사는 대토지 소유자들이 대부분의 농토를 소유하고 있었으며, 게다가 소작농들은 여전히 전통적 농사법을 고수함으로써 토양의 생산성을 저하시켰다. 이런 복합적 이유로 땅은 비옥하고 기후는 좋지만 거주민들은 여전히 가난에서 벗어 날 수 없었다.

또한 갈릴리 호수는 많은 부를 가져다주는 어업기지였다. 생선은 소금에 절여져서 예루살렘 뿐 아니라 더 먼 지역인 로마까지 수출되었다. 그럼에도 불구하고 실제로 고기를 잡는 어부들은 가난했다. 모든 부는 부를 지닌 업주나 유통업을 장악한 상류계층들이 소유하고 있었기 때문이었다.

갈릴리 주민들은 긴 역사의 흐름 속에서 많은 변화를 거쳐 왔다. 이사야 시대의 갈릴리는 이방인들의 영역에 속해 있었다. 그것은 그곳이

---

3) L. E. 엘리옷 빈즈, 『갈릴리 기독교 』, 황성규 옮김 (서울: 대한기독교출판사, 1985), 16

페니키아와 시리아 그리고 히브리인들이 아닌 다른 사람들로 둘러싸여 있었기 때문이다. 갈릴리가 앗시리아에 정복된 후 주민들은 국외로 추방되고 다른 지역에서 온 사람들로 대치되었다(왕하15:29, 17:24ff.). 이것이 갈릴리 사람들이 순수한 히브리 혈통이 아니라는 의심을 받고 경멸당하게 된 원인이 되었다. 마카비 시대인 요한 히르카누스 통치(주전 135-105) 때 갈릴리는 정복당한 후 이스라엘에 병합되었으며, 주민들은 할례를 받거나 축출을 당하거나 양자택일을 해야 하였다. 이 때 많은 갈릴리 사람들은 할례를 받고 이스라엘 백성이 되었다. 이 점에서 갈릴리는 다양한 혈통과 사상을 담고 있는 곳이 될 수밖에 없었다. 이런 특성들은 이후 예수의 사상에도 깊은 영향을 미치게 된다.

III. 예수와 갈릴리 마을들

예수가 활동한 지역은 갈릴리 호수 지역인 티베리아, 게네사렛, 가버나움, 고라신, 벳세다 그리고 중앙지역인 가나, 남부지역인 나사렛, 나인 등이다. 이 가운데서 가장 중요한 마을은 예수가 태어난 나사렛과 그의 활동의 중심지인 가버나움, 그리고 당시 갈릴리의 중심이던 세포리스이다.

1. 최대의 헬라 도시인 세포리스(Sepphoris)

이 도시는 주전 4년 시리아 총독 퀸틸리우스 바루스에 의해 완전히 파괴되었다가 헤롯 안티파스(주후 4-39)에 의해 재건되었으며, 그 후 갈릴리 수도로 지명되었으나 주후 19년 티베리아로 수도가 변경되었다. 세포리스는 헬레니즘 유대주의가 번창한 곳으로 그 도시에는 5000명을 수용할 수 있는 대형 극장도 있었다. 이 세포리스의 재건은 오랜 기간 동안의 큰 사업이었다. 이런 상황에서 목수인 예수가 이 공사에 참여하였을 가능성이 매우 크다. 왜냐하면 세포리스는 나사렛에서 불과 6km 정도 떨어진 거리에 위치해 있었기 때문이다. 갈릴리는 그 지역이 넓지 않아서, 예를 들면 가나는 나사렛에서 12km, 가버나움은 나사렛에서 46km, 나인은 나사렛에서 15km 거리였다, 일반 사람이라면 하루에도 웬만한 마을들은 다녀 올 수 있었다. 그렇다면 예수가 활동한 이 좁은 영역 안에 당시 최대의 헬라 도시인 세포리스가 있었던 것이다.

그럼에도 불구하고 복음서에는 세포리스에 관한 어떤 정보도 기록되어 있지 않다. 그러나 구체적인 언급은 없지만 예수의 비유 등에서 헬라화 된 대 도시의 특징들이 나타나고 있다. 예를 들면, "달란트 비유"(마 25:14-30, 눅19:12-27)에 보면 주인이 불충한 종에게 "그러면 네가 마땅히 내 돈을 취리하는 자들에게나 맡겼다가 내가 돌아 와서 내 원금과 이자를 받게 하였을 것이니라"(마25:27)는 책망이 나오는데 이 말의 의미는 최소한 은행에 집어넣어서 이자라도 붙이라는 뜻이다. 유대 관습에서는 동족에게 이자를 받는 것을 금하고 있었지만(신23:20, 시15:5), 헬라 세계에서는 이자를 전문으로 취급하는 사설은행까지 있었다. 물론 세포리스에도 은행이나 은행과 유사한 금융기관이 있었을 것으로 추측된다. 또한 마5:25-26에 나오는 화해에 대한 교훈에서도 "송사하는 자",

"재판관", "옥리", "옥" 등은 헬라적 대 도시에서 흔히 볼 수 있는 상황들을 묘사하는 용어들이다. 이런 점들을 고려해 볼 때 예수는 고향 나사렛에서 30년 동안 살면서 6km 밖에 떨어지지 않은 세포리스와 연관이 없이 지날 수 없었으리라는 것을 알 수 있다.

그런데도 복음서에는 세포리스에 대한 어떤 언급도 나타나지 않는 이유는 무엇인가. 뵈젠(W. Bosen)은 그 이유를 두 가지로 설명하고 있다.[4] 그 하나는 예수가 세포리스에서 전혀 활동하지 않았기 때문이라는 것과, 다른 하나는 예수가 이 도시에서 활동했지만 그 활동이 실패하였기 때문이라는 것이다. 이 두 가지 이유 중 전자에 관해서는 예수가 이방지역(막5:1f., 7:24-37)이나 이방사람들(마8:5-13, 눅7:1-10, 막7:24-30)에게도 선교를 한 점으로 미루어 보아 수긍하기가 어렵다. 그보다는 막6:1-6에 보면 예수가 고향에서 배척받은 적이 있는 것을 보아 오히려 후자에 가능성이 있어 보인다. 그러나 그것도 단언할 수는 없다.

결국 우리가 알 수 있는 것은 예수가 성장하고 활동하던 시절, 그의 삶의 터전과 매우 가까운 곳에 갈릴리 최대의 헬라 도시 세포리스가 있었다는 점이다. 따라서 예수가 이 도시와 무관하게 살았을 가능성은 매우 적다. 그럼에도 불구하고 예수는 이 도시의 영향을 거의 받지 않았다. 예수의 사상에는 헬라적 요소가 거의 없으며, 나아가 그의 공생애 활동에도 세포리스에 대한 어떤 정보도 없기 때문이다. 그 이유가 무엇인지 확인할 수 없지만 예수는 세포리스에 관하여 아무 전승도 남기지 않았다.

---

4) 빌리발트 뵈젠 *op. cit.,* 115.

2. 예수의 고향인 나사렛

나사렛은 예수의 고향이다. 마가복음에 따르면 예수는 언제나 "나사렛 예수"로 소개된다(1:24, 10:47, 14:67, 16:6). 누가복음에서는 나사렛이 예수가 자란 곳으로 소개되고(눅4:16), 요한복음은 예수를 나사렛 출신으로 말하고 있다(요1:45-46, 7:52). 이것과 다른 전승이 있다면 마태복음(2장)과 누가복음(2장)에서 예수가 다윗의 동네 베들레헴에서 태어났다는 것이다.

우리가 고향이라고 하면 꼭 태어난 곳을 말하는 것은 아니다. 태어난 곳과 자란 곳이 다를 경우 얼마나 오랫동안 유년기를 보냈느냐에 따라 고향이 결정된다. 복음서에 따르면 예수는 베들레헴에서 태어났지만 그곳에 머문 기간은 불과 얼마 되지 않았다. 태어난 아기 예수는 애굽으로 피신한 후 나사렛으로 내려가 유년기와 청년기를 보냈다. 그렇다면 예수의 모든 것은 고향 나사렛에서 형성되었다고 보아야 한다.

나사렛은 당시 모든 문화의 통로인 무역로에서 멀리 떨어진 갈릴리 남부 산지에 있는 작은 마을이다. 이 점에서 나사렛은 정치나 경제 그리고 종교적으로 중요성이 없는 마을이기 때문에 구약성서나 탈무드 그리고 요세푸스의 기록에 전혀 나타나지 않게 되었다.[5]

예수 시대의 나사렛은 농업이 주업이었다. 고고학적 발굴에 따르면 이 동네에서는 어떤 부에 대한 증거도 나타나지 않는다. 인구는 1600-2000명 정도로 추산되고 있다.[6] 그렇다면 나사렛은 외부의 어떤

---

5) 게르트 타이쎈, 『역사적 예수 』 손성현 옮김 (서울: 다산글방, 2002), 249.
6) B. J. Lee, *The Galilean Jewishness of Jesus* (New York: Paulist Press, 1988), 65.

영향도 받지 않고 갈릴리 유대 전통에 따른 신앙과 관습에 따라 사는 전형적인 갈릴리 시골 마을로 볼 수 있다. 예수는 이런 마을에서 공생애 전까지의 삶을 살았다.

3. 예수사역의 중심인 가버나움

가버나움은 나사렛에서 46km 떨어진 곳이지만 예수의 활동의 중심지 였다. 이 도시는 네 복음서 모두에서 언급되고 있다.[7] 특히 지명 소개가 없는 예수의 말씀자료인 Q에서도 가버나움만은 소개되고 있다. 가버나 움의 백부장 이야기(눅7:1f.)와 갈릴리 성읍들에 대한 저주(눅10:13-15) 가 그 예이다. 특히 눅10:13-15에서는 두 번이나 가버나움을 언급하고 있다.

예수는 공생애를 시작하면서 곧 바로 고향 나사렛을 떠나 가버나움으 로 갔다(마4:12, 13, 막1:21, 눅4:31, 요2:12). 이곳에서 첫 제자들을 불렀으며(막1:16), 베드로 집을 방문하고(막1:29, 9:33), 선교활동을 시 작하게 되었다. 그리고 예수의 공생애에 나타나는 많은 도시들과 마을들 은 가버나움을 중심으로 배치되어 있다. 예를 들면, 가버나움에서 벳세 다는 8km, 고라신은 2km, 막달라는 10km, 티베리아는 16km 떨어져 있다. 그러므로 가버나움을 예수 활동의 중심지로 보는 것이 타당하다. 이 점에서 마태복음은 가버나움을 예수의 "자기 동네"(개역개정판에 따 르면 '본 동네'), 즉 예수의 활동의 중심 도시로 소개하고 있다(마9:1).

---

7) 마태복음에서 4번, 마가복음에서 3번, 누가복음에서 4번, 요한복음에서 5번 나온다.

타이센(G. Theissen)은 가버나움을 두 가지 관점에서 설명하고 있다.[8] 그 하나는 지리적 접근이다. 가버나움은 헤롯 안티파스의 영역과 빌립의 영역 사이의 경계선 상에 있는 도시이다. 이 때문에 이 도시에는 군대가 주둔하고 있었으며(눅7:1), 세관이 있었다(막2:14). 그것은 가버나움이, 필요하다면, 다른 통치지역으로 피신하기 쉬운 도시임을 말하는 것이다. 예수는 공생애 기간동안 유대 당국으로부터 여러 형태의 위협을 받고 있었다. 이 점에서 필요할 때 통치의 다른 지역으로 피신할 수 있는 가버나움은 예수의 선교지로 안성맞춤이었을 것이다. 또한 이곳은 국경이 접한 곳이기에 다른 지역의 소식을 쉽게 들을 수 있었으며, 여러 종류의 사람들을 만날 수 있는 장소가 되었다. 이러한 지리적 이점 때문에 가버나움은 갈릴리의 어떤 다른 도시보다 개방적인 사람들이 모여 사는 곳이 될 수 있었다. 요즘으로 치면 가버나움은 국제적 도시였던 것이다.[9]

또 하나는 고고학적 접근이다. 예수 전승에 따르면 이곳에는 회당과 베드로의 집이 있었다고 전해진다. 눅7:5에 의하면 가버나움의 백부장이 지은 회당이 오늘날 우리가 보는 가버나움 회당은 아니지만(이 회당은 주후 4-5세기 세운 것이다), 가버나움에는 초기 회당의 유적들이 발굴되고 있다. 특히 베드로 집으로 보이는 곳에서 낚시 바늘들이 발견됨으로 그곳이 어부의 집이었음을 알 수 있다. 이런 고고학적 발굴로 예수 전승에 나오는 이야기들이 역사적 사실에 근거한 것임을 알 수 있게 해 준다.

---

8) 타이센, *op. cit.*, 251-252.
9) 뵈젠, *op. cit.*, 143.

예수는 폐쇄된 나사렛을 떠나 교통과 문화와 정치가 개방된 가버나움으로 장소를 옮기면서 그의 공생애를 시작하였다. 그것은 예수의 소문이 헤롯 안티파스가 통치하는 갈릴리 지역 뿐 아니라 빌립이 통치하는 데가볼리 지역, 그리고 사람들의 왕래를 통하여 남 유다 예루살렘까지 전파되는 효과를 가져다주는 요인이 되었다.

IV. 갈릴리의 특성과 예수

갈릴리는 예수가 자란 곳이다. 이 말은 예수가 공생애를 시작하기 전 그의 모든 것들의 배경이 갈릴리에 있다는 의미이다. 즉, 예수의 생각, 삶의 자세, 가치기준, 하나님에 대한 이해 등은 갈릴리와 무관하지 않다는 것이다. 이 점에서 갈릴리가 지닌 특성들이 예수에게 어떤 영향을 주었는지 살펴볼 필요가 있다.

1. 갈릴리는 개방성을 지닌 지역이다.

앞에서 살펴 본 대로 갈릴리는 지리적으로 예루살렘과 멀리 떨어진 지역이다. 당시 유대교의 모든 중심은 예루살렘에 있었다. 그 곳에는 성전이 있었으며, 서기관들과 바리새인 그리고 장로들이 예루살렘을 중심하여 모든 종교형식을 지배하고 있었다. 거기에 반하여 갈릴리는 상대적으로 제도권에서 멀리 떨어져 있었다.

역사적으로 보아도 갈릴리는 주전 2세기 마카비 시대 때 비로소 이스라엘 지역으로 다시 편입된 곳이다. 이미 언급했듯이, 그 전까지는 이방인의 땅이었다가 요한 히르카누스(John Hyrcanus) 통치(주전 135-105) 때 갈릴리는 다시 정복되어 이스라엘 땅이 되었던 것이다. 이 후에도 갈릴리는 유대적 성향보다 희랍적 성향의 영향을 더 많이 받게 된다. 세포리스를 중심한 희랍도시들이 건설되었으며, 기후가 좋고 땅이 비옥하여 권력과 부를 지닌 도시 부유층들이 대토지를 사들여 농장을 경영함으로 도시문화 즉, 희랍과 로마 문화가 쉽게 들어 올 수 있었다.

이런 모든 점들이 혼합되어 갈릴리 지역에 나타나는 중요한 특징이 개방성이었다. 갈릴리 주민들은 예루살렘에서 멀리 떨어진 탓에 종교적 틀에서 폭넓은 자유를 누릴 수 있었으며, 혈통적으로 혼혈적이고, 헬라화 된 도시들이 생기고, 헬라나 로마의 권력층들이 토지를 소유함으로 이방문화를 쉽게 접할 수 있었다는 점 등이 갈릴리 사람들로 하여금 다른 유대인들보다 더 개방적 특성을 지닐 수 있는 요인이 되었다. 요세푸스는 이런 갈릴리 사람들을 가리켜 혁신을 좋아하고, 선천적으로 변화를 즐기며, 폭동을 좋아하는 자들로 묘사하고 있다.[10]

이런 개방성은 예수에게도 그대로 나타나고 있다. 예수의 개방성은 그의 행동과 사상에서 찾아 볼 수 있다. 가장 중요한 예수의 행동 중 하나는 성전과 율법에 대한 새로운 견해이다. 당시 유대교의 두 기둥으로 성전과 율법을 들 수 있는데 예수는 이 두 기둥으로부터 자유하고 있다. 성전에 대한 예수의 견해는 성전숙청 사건에서 잘 나타나고 있다.

---

10) 요셉푸스 『유대 고대사』, 17장 10:5, 20장 6:1

예수는 예루살렘 성전이 "강도의 소굴"(막11:17)이거나 "장사하는 집"(요2:16)으로 변질되었다고 책망한다. 그것은 성전이 더 이상 하나님이 계시는 거룩한 장소가 아님을 말하는 것이다. 율법에 대한 예수의 견해는 산상수훈에서 잘 나타나고 있다(마5장-7장). 예수는 옛 사람의 말과 예수 자신의 말을 대조하면서 율법의 권위에 도전하고 있다. 여기서 말하는 옛 사람은 구약성서나 장로들의 가르침을 의미한다. 그렇다면 예수는 구약성서와 랍비들의 가르침에 머물지 않고 이런 권위로부터 자유 하여 자신의 권위로 교훈하고 있는 것이다.

사상적 측면에서 예수의 개방성은 그가 전한 하나님 나라에서 찾을 수 있다. 예수가 말하는 궁극적 목표는 하나님의 나라이다. 그 나라는 시간성과 공간성을 초월한다. 예수가 말하는 나라는 미래에 갈 저 곳이 아니라 지금, 여기서 하나님의 뜻이 통용되는 상태를 의미한다. 그렇다면 하나님의 나라는 하나님이 하나님으로 인정받고, 하나님의 뜻이 지배하는 모든 상황을 말하는 것이다. 그것은 당시 기존의 유대교 사상뿐 아니라 그 때 유행하던 묵시종말사상까지 초월하는 파격적인 가르침이다.

2. 갈릴리는 독립성을 지닌 지역이다.

유대인들과 비교해서 갈릴리사람들이 독립성이 강한 이유는 경제적인 측면과 정치, 역사적 측면에 기인한다. 갈릴리는 토양과 기후 때문에 농업이 번창할 수 있었다. 그 뿐 아니라 갈릴리 호수는 어업으로도 유명했다. 이 점에서 갈릴리사람들은 남쪽 지역 사람들보다 자급자족의 가능성이 더 높았다. 이런 경제적 이점은 갈릴리사람들에게 나름대로의 독립적 삶의 자세를 만들어 주는 계기가 되었다.

정치, 역사적 측면으로 보면 이런 독립성은 투쟁과 혁명으로 표현되고 있다. 앞에서 지적한 대로 갈릴리는 남 유다보다 험난한 역사를 지니고 있었다. 일찍이 앗시리아에 멸망된 후 요한 히르카누스에 의하여 유대 땅으로 복원되었지만 여러 왕들과 통치자들의 학대에 순응하며 살지는 않았다. 이들의 독립성은 정치적으로는 저항운동으로 나타나게 되었다. 당시의 상황이 어떠하였는지는 당시 유대를 “정말로 도둑들의 소굴” 이었다고 칭하는 요세푸스의 기록에서도 능히 짐작할 수 있다.[11] 예수시대와 연관하여 살펴보면 최초의 저항운동은 갈릴리 사람 유다로 시작되었다. 기원전 4년 헤롯이 죽은 후에 그의 아들 안티파스 폭정에 반대하면서 소요와 봉기가 일어났다. 이런 저항운동의 지도자로 가말라 출신의 유다가 있었다. 기원후 6년에는 수리아 총독 구레뇨가 반포한 인구조사(눅 2:1-7)에 대하여 갈릴리 사람 유다를 중심하여 저항운동이 일어났다. 그 당시의 인구조사는 징병과 인두세를 위한 것이었으며, 이에 대항하는 유다의 명분은 갈릴리사람들은 하나님의 백성이기에 이방 제국의 군인과 시민이 될 수 없다는 것이다. 요세푸스는 이들을 “제4 철학파” 의 시작이라고 말한다.[12]

이런 저항운동은 하나의 독립성의 발로라고 보아야 한다. 그 후 이런 형태의 저항운동은 끊임없이 일어났다. 주후 46-48년에 야고보와 시므

---

11) 요셉푸스, *op. cit.*, 17장 10:8
12) *Ibid.*, 18장 1-6.

온이, 주후 66년에 므나헴 등이 그 뒤를 이었다. 결국 갈릴리를 근거로 한 이런 저항운동은 66년에서 70년까지의 예루살렘을 중심한 유대전쟁을 일으키게 되었으며, 그 후 마사다에서 장렬한 최후로 그 막을 내리게 된다.

이러한 갈릴리사람들의 독립성이 저항운동으로 나타난 점에 대해서 유대인들은 갈릴리사람들을 긍정적으로 보려 하지 않았다. 예수가 갈릴리 출신이라 했을 때 "갈릴리에서는 선지자가 나지 못한다"(요7:41, 52)는 말이 이런 의미이다.

예수는 무력을 사용하는 저항 운동가는 아니지만 갈릴리사람들의 특성인 독립성은 그대로 지니고 있다. 예수는 당시 종교, 정치, 사상, 관습을 하나님의 원래의 모습으로 환원시키는 갱신운동가였다. 갱신은 독립성이 없이는 불가능하다. 기존에 순응하는 사람은 갱신운동을 일으킬 수가 없기 때문이다. 예수를 따르던 갈릴리 출신의 제자들은 열심당과 같이 무력혁명을 꿈꾸었으며, 예수에게도 그것을 요구하였지만 예수는 십자가의 죽음으로 그것을 거부하고 있다. 예수의 독립성은 무력해방으로 나타나는 것이 아니라 당시 종교, 정치, 사상에서 독립하여 하나님의 원래의 뜻으로 환원하려는 것이기 때문이다.

3. 갈릴리는 예언자 전승의 지역이다.

학자들은 이스라엘 전승을 말할 때 크게 두 가지로 구분하고 있다. 그 중 하나는 예루살렘을 중심한 다윗전승이고, 다른 하나는 모세전승이다. 다윗전승의 거점은 남 유다이며, 그 중심사상은 다윗왕권의 영원함에 있다. 이런 다윗전승에 근거한 남 유다는 한 번의 혁명도 없이 다윗왕권을 유지할 수 있었다. 왕이 아무리 무능하여도 그것은 하나님이 주신 왕권이기에 누구도 도전할 수 없었던 것이다. 왕권의 도전은 곧 하나님에 대한 도전이기 때문이다. 그러나 북 이스라엘은 달랐다. 여기는 다윗전승이 지배하지 않고 모세 전승이 지배하였다. 이 전승에 따르면 왕권에 하나님의 섭리가 있는 것이 아니라 왕의 행위에 하나님의 섭리가 있다는 것이다. 선지자에 의하여 기름을 부음 받아 왕이 되었다 하여도 그 왕이 하나님의 뜻에 따라 바르게 정치를 하지 않는다면 그는 하나님에 의하여 택함 받은 왕이 아닌 것이다. 선지자는 다른 사람에게 기름 부어 새 왕을 세울 수 있었으며, 그 새 왕은 혁명을 일으켜 왕권을 장악하는 것이 곧 하나님의 뜻인 것이다. 그 결과 북 이스라엘은 끊임없이 혁명이 일어나 새로운 왕권을 만드는 역사를 이어갔다. 이것을 모세전승이라 한다. 이 전승은 후에 예언자 전승이 승계하게 된다. 구약성서에 나오는 예언자의 대부분이 북 이스라엘 출신인 것이 그 증거이다. 예언자는 왕에 대응하는 하나님의 사자로 나타나고 있다.

이 예언은 바벨론 포로기를 거치면서 그 맥이 끊기게 된다. 그 후 예언을 대신한 것이 지혜이다. 지혜전승은 갈릴리가 있는 북 이스라엘에 국한된 것은 아니지만 지혜는 하나님에 대하여 보다 보편적 시각으로 본다는 점에서 폐쇄적이고 전통적인 예루살렘보다는 개방된 사고와 삶을 지닌 갈릴리에서 더 발전될 수 있었다. 이 점에서 갈릴리에서는 성전이나 율법으로 규정된 전통적 종교형식보다는 예언자 전승과 지혜전승에 근거한 보다 개방되고 현실적인 종교형태가 형성되었다. 그것들은 예수의 삶과 사고에 큰 영향을 주게 된다.

실제 예수가 어떤 모습이었는가에 대한 논의는 많이 있지만 학자들 간에 공통된 의견은 예수가 당시 사람들에게 예언자인 동시에 지혜자로 인식되었다는 것이다.13) 예언자 예수의 특징은 기도와 치유에 있다. 예수는 당시 관례적 기도 습관과는 근본적으로 다른 기도를 드렸다. 당시의 기도는 일정한 시간에, 일정한 장소에서 행하는 정형화된 기도였다. 하루에 아침, 점심, 저녁에 쉐마와 18기도문으로 기도를 드렸다. 그러나 예수의 기도는 그렇지 않았다. 그는 새벽에, 홀로, 외딴 곳에서 기도하였다(막1:35). 그 기도 내용도 당시 유대적 기도문과 달랐다. 예수의 기도는 정형화된 기도문이 아니라 오늘날의 묵상기도나 관상기도와 같은 기도였다.

이런 예수의 기도의 결과는 유대인들의 기도 결과와 다르게 나타났다. 유대인들의 기도는 형식적 기도인데 반하여 예수의 기도는 하나님과 직접적으로 관계하는 기도였다. 그 결과 예수의 기도에는 하나님의 능력이 나타나게 되었다. 그것이 예수의 치유행동이다. 예수는 당시 제도권에서 거의 나타나지 않는 많은 치유행위를 하였다. 그만큼 예수에게는 하나님의 능력이 나타나고 있었던 것이다. 이런 현상은 당시 갈릴리에서 활동하던 경건한 자들에게도 그대로 나타나고 있었다. 대표적 인물이 "원을 그리는 사람" 호니(Honi)와 하니나 벤 도사(Hanina ben Dosa)였다. 이 두 사람은 다 묵상 기도와 기적을 행하는 능력으로 유명했다.

---

13) 마커스 보그, 『미팅 지저스』 (서울: 홍성사 1995), 54-69.

그것은 하나님과의 직접적인 기도를 통하여 기적을 행한다는 점에서 예수의 모습과 매우 유사하다고 볼 수 있다.

지혜전승은 예수의 말씀에서 나타난다. 지혜의 유형은 크게 두 가지로 구분된다. 가장 흔한 형태의 지혜는 전통적인 지혜이다. 이 지혜는 주류적 지혜로 누구나 알고 있는 상식이나 규범을 강화하는 지혜이다. 예를 들면 "바늘 도둑이 소 도둑이 된다" 는 형식의 지혜가 여기에 속한다. 이런 전통적 지혜는 잠언서가 대표적 예가 될 수 있다. 두 번째 유형은 인습 타파적이며 대안적인 지혜이다. 이 지혜는 전통적 지혜에 의문을 제기하고 근본적으로 다른 새로운 대안을 제시하는 지혜이다. 여기에 속하는 작품은 전도서이다.

예수는 후자에 속한다. 예수의 아포리즘(aphorism)이나 비유(parable)의 중심은 역설(paradox)과 전도(subversion)로 구성되어 있다. 크로산(J. D. Crossan)은 그것을 "화해보다는 불화가 비유의 근본적인 원리" 라고 규정하고 있다.[14] 그 증거로 예수는 "누구든지 제 목숨을 구원코자 하면 잃을 것이요. 누구든지 나와 복음을 위하여 제 목숨을 잃으면 구원하리라" (막8:35)는 말씀과 "내가 세상에 화평을 주러 온 줄로 생각하지 말라 화평이 아니요 검을 주러 왔노라" (마10:34)는 말씀에서 알 수 있다.

그러나 예수의 이런 말들은 단순한 전복을 겨냥한 말로 끝나지 않는다. 그것은 하나님 나라라는 새로운 세계로 들어가기 위하여 기존의 세계를 전복하는 것이다. 이 점에서 예수의 역설과 전복은 새로운 세계를 창조

---

14) J.D.Crossan, *The Dark Interval: Towards A Theology of Study* (IL: Argus Communications, 1975), 57.

하는 전환(reorientation)으로 보아야 한다.

V. 맺는 말 : 오늘도 갈릴리를 거니시는 예수

예수는 갈릴리에서 자라고 그곳에서 자신의 사역을 감당하면서 갈릴리가 지닌 여러 특성들을 받아들일 뿐 아니라 그것들을 새롭게 전환하였다. 갈릴리가 지닌 개방성, 독립성 그리고 예언자성들을 예수는 자신이 전하는 하나님의 사역을 위하여 가장 효과적으로 변형시키고 있는 것이다.

이 점에서 예수는 자신이 태어나고 자란 갈릴리를 사랑할 수밖에 없었다. 그가 갈릴리에서 자신의 삶을 살았다는 것이 하나님의 가장 큰 계시이기 때문이다. 비록 그곳이 비옥하고, 온화한 기후 때문에 모든 것이 풍족함에도 수탈과 억압이 많은 곳이라 하여도 하나님은 예수를 다른 곳이 아닌 갈릴리에서 자라게 하셨던 것이다. 거기에는 피할 수 없는 하나님의 섭리가 있는 것이다. 자신이 태어나고 자라고 활동한 지역을 사랑함으로 하나님의 영원한 사역을 완성할 수 있다는 점에서 오늘 우리가 사는 이곳에 대한 애정을 잃지 말아야 할 것이다.

05

갈릴리 공동체

*** 정창교 박사

갈릴리 공동체

정창교 박사[*]

Ⅰ. 들어가는 말

갈릴리는 기독교에 있어서 중요한 의미를 지닌 곳이다. 그곳은 예수의 고향이며 제자들의 고향이기 때문이다. 예수는 공생애를 시작하기 전 30년 동안 갈릴리에서 살았고, 공생애도 갈릴리 중심으로 이루어졌다. 갈릴리에서 그의 제자들을 부르셨고, 많은 병자들을 고치시고, 이적들을 행하셨다. 그리고 그들에게 하나님의 나라를 선포하셨다.

가장 먼저 복음의 씨앗이 뿌려진 이곳에 기독교 공동체가 설립되었을까? 이 질문에 대한 대답을 신약 성경은 예루살렘 공동체나 안디옥 공동체처럼 분명히 하지 않고 있다. 다만 갈릴리에 대한 정보를 여러 가지 측면에서 간접적으로 전하고 있을 뿐이다. 먼저 예수와 제자들의

---

[*] 영남신학대학교 신약신학 강사

활동 영역으로 소개한다. 두 번째로, 갈릴리 지역 주민 또는 갈릴리 지역 출신 사람을 가리키는 갈릴리 사람들에 대한 언급이다. 세 번째로, 마가복음에 나타난 갈릴리 중심의 예수의 공생애 사역과 갈릴리에서의 부활이 언급된다. 마지막으로 사도행전 9장 31절의 갈릴리 교회에 대한 언급이다. 그러나 최근 신약학자들은 공관복음서의 연구를 통해 마태와 누가복음서에서 공통으로 나타나는 마가 이외의 Q(Quelle)라는 자료를 가려내었다. Q자료를 수집하고 전승시킨 공동체가 갈릴리 공동체라는 것이다.

본 소고는 먼저 갈릴리가 어떤 곳인가를 간략히 요약한 후, 신약에서 언급되는 갈릴리 사람들에 대해 살펴볼 것이다. 그리고 예수 사역의 중심지와 부활의 장소로서의 갈릴리의 의미를 마가복음을 중심으로 살펴보고, 사도행전 9장 31절에 언급되는 갈릴리 교회에 대해 연구하고자 한다.

II. 몸 말

1. 갈릴리는 어떤 곳인가?

'갈릴' 이라는 지명은 두 가지 의미를 가진다. 첫째, 사전적으로는 "구역', "영역' 의 의미를 가지며, 다른 하나는 "옛 지명, 즉 지역 명칭' 으로서의 의미를 가지고 있다.[2] 팔레스타인의 세 지방 가운데 가장 북쪽에 위치했으며, 이스라엘 백성이 처음 가나안에 들어왔을 때 스불론(수 19:10-16), 아셀(수19:32-39) 자손들이 제비를 뽑아 차지하였다. 그러나 그들은 여러 번 전투를 하였지만 가나안 족속을 완전히 물리치지는 못하였다(삿1:30-33).

지형적인 위치로 볼 때, 동쪽으로는 게네사렛 호수와 요단강이 경계를 이루었고, 서쪽으로는 프톨레마이스의 도시 영역이 경계를 이루었다. 북쪽으로는 두로와 접하였으며, 남쪽으로는 갈멜에서 시작하여 스키토폴리스(Skythopolis)의 요단 계곡에서 끝나는 대평원이 경계를 이룬다.[3]

예수 당시의 갈릴리는 요세푸스가 "크기로 치면 뵈레아 다음"(유대 전쟁사 III.3.3)이라고 말하며 면적은 1400~1600㎢ 사이로 작은 땅이다. 수치로 나타내면 서쪽 경계에서 동쪽 경계까지의 거리는 35~40km(최단거리), 남쪽 경계에서 북쪽 경계의 최극점까지는 50~55km(최단거리)이다.[4]

갈릴리의 경계에 대한 복음서 저자들의 이해는 조금씩 다르다. 마가에게 있어서 갈릴리의 경계는 "유동적이며 광범위하다".[5] 마태는 유대 그리스도인임에도 불구하고,[6] 그 지역에 대한 특별한 지식을 발견하지 못한다. 다만 마태는 마가의 구조를 따르고 있을 뿐이다. 누가는 갈릴리

---

2) Bösen, W., *Galiläa als Lebensraum und Wirkungsfeld Jesu; Eine zeitgeschichtliche und theologische Untersuchung*, 『예수 시대의 갈릴래아』. 황현숙 역, 천안: 한국신학연구소 1998, 44-45.
3) Gnilka, J., 『마르코 복음 1』. 번역실 역, 서울: 한국신학연구소 1990, 84.
4) Bösen, W., 『앞의 책』, 44-45.
5) Schenke, *Studien zur Passionsgeschichte des Markus*, 453.
6) Cf. Schweitzer, Ed., *Matthäusevangelium*, Göttingen, 4f.

와 유대가 공동의 경계를 가지고 서로 나란히 붙어있고 거기에서 북쪽으로 사마리아가 있다고 생각한다(행 15:3-4). 그래서 갈릴리로부터 예루살렘으로 가는 사람은 나란히 사마리아의 남쪽 경계로 간다고 생각한다(Cf. 눅 17:11).

갈릴리에는 서기가 시작될 무렵 밀집해서 거주했다고 한다. 그리고 요세푸스(전기 45)에 의하면 당시 그 땅에는 204개 이상의 마을과 도시가 있었고, 유대 전쟁사에 의하면(전쟁사 III.3.2) "가장 작은 마을도 인구 15,000명 이상" 이었다고 한다. 물론 대부분의 학자들은 과장되었다고 믿지만, 인구는 최소 3백만에서 4백만에 이르렀다고 한다. 예수 당시에 갈릴리는 큰 도시가 세 개 있었는데, 경제적으로 중요한 막달라, 정치적으로 중요한 세포리스, 그리고 나중에 건립된 티베리아이다.[7]

2. 신약에 나타나는 갈릴리 사람들

1) 예수의 제자들

예수의 제자들은 가룟인 유다를 제외하고는 모두 갈릴리 출신이었다. 복음서는 제자들의 출신을 갈릴리로 소개하는 경우와 그렇지 않은 경우를 발견한다. 갈릴리로 소개하는 경우는 다음과 같다: 갈릴리 가나 사람 나다나엘(요 21:2), 갈릴리 사람 베드로(마 26:29; 막 14:70; 눅 22:59), 갈릴리 벳새다 사람 빌립(요 12:21). 그리고 예수가 제자들을 선택할

---

7) Bösen, W., 『앞의 책』, 92.

때의 장소에 대해서도 특별히 갈릴리 해변(막 1:16~20 - 시몬과 안드레, 그리고 세베대의 아들 야고보와 요한)이라고 밝힘으로써 예수의 제자들이 갈릴리 출신이라는 사실이 자연스럽게 드러난다. 또한 베드로의 예수 부인(否認) 기사에서도 갈릴리 출신이라는 것이 확인된다. 성전 앞뜰에서 사람들이 베드로를 알아보고 "너는 갈릴리 사람이다" (막 14:70)라고 말함으로서 베드로가 갈릴리 출신이라는 사실이 다시 한 번 드러난다.

2) 갈릴리 여인들

신약성경에 언급되는 '갈릴리 여인들' 은 갈릴리에서 예루살렘까지, 예수의 십자가 처형의 순간까지 함께한 여인들이다. 공관복음서는 이 '갈릴리 여인들' 이 예수와 함께 예루살렘으로 올라가 예수의 십자가 처형을 지켜보고(막 15:40~41; 마 27:55-56; 눅 23:49), 예수의 시체를 매장한 장소를 알아두었다가(막 15:47; 마 28:61; 눅 24:55), 무덤으로 찾아가 예수의 부활 소식을 제일 처음 들었으며(막 16:1-8; 마 28:1-8; 눅 24:1-12), 직접 부활한 예수를 만난 후 그 소식을 예수의 남자 제자들에게 전하였다(막 16:9-11; 마 28:9-10; 눅 24:9)고 보도한다.

3) 성령을 받은 갈릴리 사람들

사도행전 1장 11절에서 흰옷 입은 두 사람은 부활한 예수와 대화하며 승천하는 장면을 목격하는 제자들에 대해 '갈릴리 사람들아!' 라고 부르고 있다. 이어 오순절 날 성령이 말하게 하심을 따라 방언을 한 사람은 '갈릴리 사람들' 이라고 말한다. 즉 갈릴리 사람들은 성령을 받은 사람들

이다. 그리고 성령을 받은 갈릴리 출신의 예수의 제자들이 초대교회의
핵심 인물들로 등장하게 된다. 왜냐하면 초대교회는 성령의 충만을 받은
자들에 의해 움직여지고(행 4:8.31; 6:3.10 등), 성령의 인도에 따라
말씀이 전파되었기 때문이다(행 13:2; 16:6 등).

4) 평범하고 거친 사투리와 용기 있는 갈릴리 사람들

마태복음 26장 73절에 의하면 베드로를 가리키면서 "너도 진실로
그 당이라 네 말소리가 너를 표명한다" 고 지적한다. 이런 언급은 갈릴리
사람들만의 다른 말소리를 가지고 있었다는 것을 이야기 하고 있으며,
즉 그들은 다른 지방 사람들과 비교하여 "후두음(guttural)" 을 잘 발음하
지 못하였다고 한다.[8] Dalman에 의하면 갈릴리 사람들은 "임마르" (im-
mar=어린 양), "아마르" (amar=양모), "하마르" (chamar=포도주), "하마
르" (hamar=나귀)가 서로 구별되지 않는다고 한다.[9] 랍비 문헌들은 그들
이 많은 단어들을 함께 발음하고, 온 음절을 발음하지 않고 삼켜버리는
예가 많음을 보여준다.[10] 사도행전 2장의 오순절 강림 사건에서도 천하
만국에서 온 디아스포라 유대인들의 눈에 비친 '갈릴리 사람들' 의 이상스
런 행위, 즉 그들의 하는 말이 각기 자기 나라말로 들리는 사건은 더
큰 충격으로 받아들여졌을 것이다.[11] 그들의 언어는 교육 받은 대도시의

---

8) 이상근, 『마태복음 주석』 , 서울: 성등사 [21]1994, 378.
9) Dalman, G., *Orte und Wege Jesu,* Bd. I, Gütersloh [3]1927, 82.
10) Strack/Billerbeck, *Kommentar zum Neuen Testament aus Talmud und Midrasch,* Bd.
I, 157.
11) 행 2장 7절의 '놀라 기이히 여겨' 를 헬라어의 의미로 보자면, 첫눈에 받는 압도적 놀라움과,
사실을 관찰함으로 점점 느끼는 느낌이 이중적으로 표현되어 있다. Cf. 이상근, 『사도행전
주석』 , 서울: 성등사 [22]1994, 44.

주민들에게 갈릴리는 경멸할 만한 도시였고, 또한 그 언어가 천하기 때문에 경멸하여 상을 찡그린다고 한다.[12)

요세푸스는 또한 갈릴리 사나이들의 담대함에 대해 "누구에게나 적대적인 공격의 자세"를 취했으며, "소년시절부터 전쟁에 익숙했고", "그들에게는 용기가 넘쳤다"고 전하고 있다(유대 전쟁사 II.3.2).

5) 이방인의 갈릴리

주전 9세기 이사야는 이방인을 가리켜 '이방의 갈릴리여' (사 9:1)라고 불렀으며, 마태는 다시 4장 15절에서 인용하고 있다. 이사야는 북왕국이 멸망당한 후(주전 721년) 그곳에 이방 민족이 주거하게 된 사실을 말하고 있다. 그러나 이방인이 주거하게 되었다는 사실은 사마리아처럼 분명하지 않다.[13) 이 표현은 중간기 문서인 마카비 상 5장 15절에서도 언급되고 있다: 주전 2세기에 일어난 마카비 봉기 중에 갈릴리에 있는 소수의 유대인들은 유대에 사는 유대인들에게 도움을 청하고, 유다 마카비의 아들 중 하나인 시몬은 즉시 그들을 갈릴리에서 구출하여 유다로 데려온다는 내용이다(마카비 상 5:21).[14)

'이방인의 갈릴리' 라는 표현은 분명히 예수 당시 경멸의 표현이며 갈릴리가 남부 유대인 특히 예루살렘 중심세력의 냉대와 경멸의 대상이었다는 것을 의미한다.[15)

---

12) Bösen, W., 『앞의 책』, 248.
13) G. Theissen/ A. Merz, *Der historische Jesus*, 손성현 역, 『역사적 예수』, 서울: 다산 글방 2001, 254.
14) G. Theissen, 『앞의 책』, 254.
15) 황성규, 『예수 운동과 갈릴리』, 서울: 한국신학 연구소 1995, 131.

3. 예수 사역의 중심지: 갈릴리

1) 마가복음에서의 갈릴리

마가복음에서 '갈릴리' 라는 말은 예수님의 갈릴리 사역 가운데 아홉 번 나타나며, 예루살렘에서 세 번 언급된다:

가. 갈릴리 사역(1-9장)에서 갈릴리는 예수의 수세(1:9)-출발지만 나타남-, 하나님 나라의 선포의 장소(1:14), 예수의 제자들 선택의 장소(1:16), 큰 무리가 따른 장소(3:7), 귀먹고 어눌한 자를 고치신 장소(7:31), 예루살렘 수난을 예보하시는 장소(9:30)로 나타난다. 예외적으로 헤롯 안티파스가 초청한 갈릴리의 귀인들(6:21)이 언급된다.

나. 예루살렘(11-16장)에서 언급된 갈릴리는 "예수 부활의 장소" (14:28; 16:7)이다. 그리고 예수의 십자가 처형, 죽음과 부활의 현장까지 함께한 여인들이 바로 갈릴리로부터 예수를 따라온 여인들(15:41)이라고 언급한다.

① 1장 9.14절: 예수는 그의 고향 '갈릴리 나사렛' 에서 요단강으로 가서 세례 요한에게 세례를 받는다(1:9). 그리고 예수는 요한이 잡힌 후 "갈릴리" 에서 하나님의 복음을 전파하기 시작한다. 여기서 대부분의 학자들은 마가가 얼마나 갈릴리의 중요성을 부각시키고 있다는 데 동의하고 있다. 갈릴리는 "land of the gospel"[16) 이기

때문이다.

② 1장 16절: 처음으로 갈릴리 바다가 언급되고 있다.[17] 예수의 수세, 시험, 하나님 나라 선포에 이어 제자 선택의 장소가 갈릴리 바다로 나타나는 것이다. 그 중에서 15장 41절에 나타나는 십자가 처형의 장소까지 동행하는 갈릴리의 여인들도 선택되어지고 관계 맺어지게 된다(막 15;40.47;16:1).

③ 1장 28절: 예수 사역의 첫 번째 결과가 나타난다. 예수의 소문은 '온 갈릴리 사방'에 퍼졌다는 표현 중에서 "갈릴리에서"는 소유격의 설명적 보충어이다. 예수는 단 한 번 회당에서 가르치고 불결한 영으로부터 한 남자를 해방시켰지만(1:21-27), 그의 소문은 "온 갈릴리 지방에 순식간에" 퍼지게 된다.

④ 1장 39절: 마가는 치유의 측면을 포괄적인 이적 목록을 통해 설명하고 있다. 17개의 이적 이야기 중 16개가 중심점으로서의 가버나움과 함께 갈릴리에서 행해진다. 맹인 바디매오의 치유(막 10:46-52)만이 유일하게, 외부 즉 예루살렘으로 가는 도중에 일어난다.

⑤ 3장 7절: Gnilka는 일곱 지방이 언급되는 가운데 갈릴리가 가장 강조되는 것으로 본다. 그리고 남부지방이 먼저 언급되고, 동부지방과 북부 지방의 순서로 언급된다.[18]

---

16) Lohmeyer, E., *Galiläa und Jerusalem*, Göttingen 1936, 29.
17) 각 복음서 마다 다른 명칭을 사용하고 있다. 디베랴 바다(요 21:1; cf. 6:1), 게네사렛 바다(요세푸스, 유대전쟁사 III.10.7); 게네사렛 호수(눅 5:1; 8:22.33) 그리고 갈릴리 바다.
18) Gnilka, J., 『앞의 책』, 171-172.

⑥ 6장 21절: (마가 이전 전승)

갈릴리의 귀인들: 헤롯 안티파스의 생일날에 초대 받은 인물들이다.

⑦ 7장 31절: 시돈 지방을 거쳐 데가볼리 지방에 있는 갈릴리 호수에 다시 이르게 되었다. 지극히 이상하게 보이는 이러한 여행길은 지리적 상황에 대한 무지를 반영하는 것으로 평가되며 복음서 저자는 데가볼리를 갈릴리의 일부로 간주하고 있다.[19] 예수는 3장 7절에 언급된 외지를 5장부터 방문한다. 첫 번째 여행은 동쪽의 데가볼리 지역이다(5:1). 두 번째 여행은 서쪽의 시로페니키아(7:24-30)이며 "믿을 수 없을 정도로 축소된 길"로 데가볼리(7:31)로 되돌아온다. 세 번째 여행은 북쪽에 있는 반이방인 지역인 빌립보 지역이다(6:45; 8:22-23.27이하). 이로써 천천히 집중적인 원으로 넓혀져 있는 운동(가버나움-갈릴리-주변지역의 주민들에게 집합점으로서의 갈릴리-이방적/반이방적 외지)은 가장 크게 펼쳐지게 된다.

⑧ 9장 30절: 여기서 다시 갈릴리는 마가적 관심을 나타내며, "지나가다"는 마가복음서 저자가 즐겨 쓰는 말이다(신약 성서 5회 중 마가 4회). 갈릴리를 지나갔다는 지리적 언급은 예수가 8장 27절 이후 갈릴리로 돌아가지 않았음을 상기시키려는 것이다. 갈릴리가 결정적으로 시야에서 사라진 것이 아니고 두 개의 로기온(14:28; 16:7)에 의해 다시 갈릴리를 주목하게 한다.

---

19) Marxsen, W., Der Evangelist Markus, Goettingen [2]1959, 43-45.

⑨ 14장 28절: '내가 부활한 후에' 는 시간 규정이지만, 예수와 열 두 제자 사이의 새로운 관계가 수립되는 근거이기도 하다. 부활한 자로서 그는 그들보다 앞서 갈릴리로 갈 것이다. 사람들은 이 말을 부활한 자가 지상의 삶으로 돌아오는 것으로 이해했는데, 그들의 이해에 의하면 부활한 자는 재림 때에, 그의 일이 완성될 갈릴리로 승리의 행진을 할 것이다.

⑩ 15장 41절: 갈릴리로부터 예루살렘까지 좇아온 여인들. "막달라 마리아, 작은 야고보와 요셉의 어머니 마리아와 살로메" 를 제외하고도 "많은 여인들" 이 갈릴리로부터 왔다.

⑪ 16장 7절: 예수가 앞서 가신다는 말은 문자적으로 이해될 수 없고 그가 시간적으로 그들보다 먼저 갈릴리에 있게 될 것이라는 사실을 의미할 뿐이다. 그러므로 성금요일 이후에 열 두 제자가 예루살렘에 모여 있는 것을 전제하며 이 제자들은 파국적 재난 이후에 예수의 주도에 의해 갈릴리에 다시 모이게 된 것이다.[20]

"갈릴리로 가라는 분부를 이해하기 위해서는 편집구인 7절에 분명히 나타나 있는 마가의 생각에 의존해야 한다. 마가 생각에 의하면 갈릴리는 복음서의 고향이며 지상에서의 예수의 활동의 중심지였다. 예수가 지상 활동을 한 지역에서 부활한 예수를 본다는 것은 예수를 완전히 이해할 수 있음을 의미하기도 한다. 지상에서 활동한 존재와 십자가에 달린 자, 그리고 부활한 자를 동일한 존재로 볼 경우에만 그는 온전히 이해된다." [21]

---

20) Gnilka, J., 『앞의 책』 , 335.
21) Gnilka, J., 『마르코 복음 2』 , 454.

부활한 분의 갈릴리 현시와 예루살렘 현시 사이의 경합은 갈릴리 현시가 시간적으로 앞섰다고 봄으로써 해결될 수 있다. 여기에는 예루살렘 교회 공동체와 갈릴리 교회 공동체의 경쟁이 배후에 있는 것이 아니라 제자들이 갈릴리에 모였다가 부활절에 고무되어 예루살렘으로 돌아갔다고 보는 것이 그럴듯하다.[22]

2) 마가복음에 나타난 갈릴리와 예루살렘의 대립 구조

마가복음에서는 현저하게 갈릴리와 예루살렘의 대립 구조가 나타난다. 마가복음에서 갈릴리는 예수 사역의 중심지로서 그리고 완성된 하나님 나라의 미래의 중심지로서 매우 긍정적으로 묘사된다. 반면에 민족적인 메시아 대망 사상이 지배적이었던 예루살렘은 이 예수님을 반대하는 적대적 장소로서 부정적으로 묘사되었다.[23]

황성규가 지적 하듯이 1930년대 이전에는 '갈릴리' 에 대한 신학적 의미의 중요성이 인식되지도, 연구되지도 않은 것으로 보인다.[24] 그 전의 연구는 특정한 구절(막 14:28; 16:7)에만 관심을 가졌기 때문이다. 갈릴리가 마가복음에서 가지는 신학적 동기를 발견한 학자는 Lohmeyer와 Lightfoot이고, Marxsen은 편집비평적 접근으로 마가복음에 나타난 갈릴리의 강조와 예루살렘의 대립 구조를 더 명백히 밝혀 주었다. 이 주제를 열어놓은 선구자 Lohmeyer는 가장 먼저 갈릴리는 마가복음에서 예수를 환영한 곳이요, 예수로 인한 중요한 사건의

---

22) Gnilka, J., 『앞의 책』, 458.
23) Lohmeyer, E., 『앞의 책』; 김경진, 『누가 신학』, 서울 2005, 95.
24) 황성규, 『앞의 책』, 7.

발생지인데 반하여, 예루살렘은 예수를 배척하고 또 그를 처형한 장소로 보았다.[25]

Lightfoot은 Lohmeyer의 견해를 마가복음의 결론(막 16:8; cf. 막 14:27)에 적용하면서 갈릴리와 예루살렘을 대립적 관계로 설명하였다.[26] 그에 따르면 무시당하던 갈릴리가 하나님에 의해 복음과 인자(人子)의 계시의 장소로 택함 받은 것에 반해, 유대인들의 경건과 애국심의 본고장인 예루살렘은 무자비한 적대감과 죄의 중심지가 되었다. 결과적으로 갈릴리는 계시의 장소이고, 예루살렘은 오직 거절과 배척의 장소가 되었던 것이다.[27]

Marxsen이 주장하듯이 편집비평적인 결과는 이러한 지리적 스케치가 복음서 저자인 마가에게서 기인한다고 단정 짓는다.[28] 그는 마가 이전의 전승과 마가의 편집을 구분하며 마가복음의 신학적. 지리학적 뼈대는 예수님의 사역 무대였고, 장차 도래할 파루시아의 장소인 갈릴리(펠라)라고 주장한다. 즉 마가복음은 갈릴리의 복음서로서, 예루살렘이 아니라 갈릴리가 마가복음의 예수님과 마가 공동체의 중심지라고 주장한다.[29] Marxsen은 "예수가 세례 요한에게 와서 세례를 받았다" 는 옛 전승으로부터 갈릴리를 삽입함으로써 갈릴리 나사렛을 예수의 활동의 출발지로 창안했다고 보며(1:9), 예수의 이름을 처음으로 언급하면

---

25) Lohmeyer, E., 『앞의 책』, 33.
26) 김경진, 『앞의 책』, 95.
27) Lightfoot, R.H., *Locality and Doctrine in the Gospels,* New York: Harper & Brothers 1938, 124-125; 김경진, 『앞의 책』, 95.
28) W. Marxsen, 『앞의 책』, 34.
29) W. Marxsen, 『앞의 책』, 56-66.92; 김경진, 『앞의 책』, 96.

서 갈릴리를 삽입한 것을 중요시 한다.[30] 마가적 편집에 의하면 예수는 갈릴리(나사렛)에서 출발했으며(1:9), 갈릴리에서 설교했고(1:14), 갈릴리에서 그의 처음 제자 몇을 부르셨다(1:16). 뿐만 아니라 예수가 미친 효과와 인상을 말하는 결어(1:28) 역시 상황을 서술하는 마가적 편집구절이라는 것이다.[31] 마가 기자가 예수의 명성이 널리 퍼졌다는 것을 강조하면서도 갈릴리를 명시하는 것은 갈릴리 지향성을 잘 드러낸다는 것이다.

그리고 Kelber라는 학자는 마가복음의 "왕국" 개념을 연구하면서 마가를 남 예루살렘 중심의 기독교에 적대적인 북부 기독교의 대표자라고 소개함으로써 예루살렘에 대한 부정적 이미지를 강화했다고 보았다.[32] Malbon이라는 학자는 "혼돈과 질서" (chaos/order)의 개념으로 두 관계를 정리하였다. 그녀에 의하면 예루살렘은 근본적으로 적대적인 혼돈의 장소이고, 반면에 종교적 관헌들과 대립적인 위치에 있었던 갈릴리는 예수님의 고향이자 사역의 중심지로서 질서의 장소라는 것이다.[33]

그러나 전천건삼은 Lohmeyer의 견해에 대해 다음과 같이 비판한다.[34]

첫째, 팔레스틴 교단에 있어서 예루살렘과 갈릴리 교회가 두 중심지였다는 사실은 어디에서도 알려지고 있지 않다. 둘째, 갈릴리와 주의 형제

---

30) W. Marxen, 『앞의 책』, 58.
31) W. Marxen, 『앞의 책』, 58.
32) Kelber, W.H., *The Kingdom in Mark*, Philadelphia: Fortress 1974, 64-65.
33) Malbon, E.S., "Galilee and Jerusalem: History and Literature in Marcan Interpretation", CBQ 44(1982), 242-255; 김경진, 『앞의 책』, 96-97.
34) 전천건삼/ 김명식 역, 『원시 그리스도교 연구』, 43-66; 김득중 편저, 『마가복음 연구』, 도서출판 나단 ³1992, 167-171.

들의 연결은 전혀 근거가 없다. 오히려 신약성서가 전하는 오래된 전승은 주의 형제들, 특히 야고보의 활동을 예루살렘과 연결시키고 있다(갈 2:18-19; 행 1:18; 12:17; 15:13). 셋째, 마가의 사상적 상황은 기독론의 차이와 같은 신학적인 문제가 아니라 지리적, 사회적 문제와 관련되어 있다. 기독론을 판단의 기준으로 삼은 것이 결정적인 결점이다. 넷째, 주의 형제들이 갈릴리계의 신학을 대표하는 것으로 되어 있지만, 마가복음에선 주의 형제들과 친척들이 가장 신랄하게 비판받는 자들 중에 들어간다(막 3:20 이하).

종합적으로 볼 때 예수의 갈릴리 사역과 예루살렘 사역의 대조는 마가복음에서 분명히 드러나는 강조점이다. 하지만, 그것을 누가가 얼마나 편집했는가 하는 문제는 쉽게 단정 지을 수 없다.

4. 예수 부활의 장소: 갈릴리

마가복음 14장 28절과 16장 7절은 부활한 예수의 갈릴리 현현을 예고하고 있다. 마태복음서와 마가복음서는 부활한 예수의 예루살렘에서의 현현 기사를 보도하고 있지 않지만, 누가복음과 요한복음은 부활한 예수의 예루살렘 현현을 보도하고 있다. 특히 요한복음은 부활한 예수의 디베랴 호수에서의 현현(요 21:1-14)도 함께 보도하고 있다. 마태는 주님이 갈릴리에 나타났다는 것을 분명히 선언한다(마 28:16ff; 26:32). 마가의 경우 16장 9절 이하를 제외하면 현현이 그렇게 분명하지 않을지라도 14:28, 16:7로부터 이와 같은 현현이 추론될 수 있다. 그러나 누가복음 24장과 요한복음 20장은 예수의 현현을 예루살렘과 근교에 한정시키고 있다.

Haenchen은 그의 마가복음 주석서에서 마가복음의 주제는 지상의 예수와 부활한 예수의 동일시라고 주장하였다.[35] 그는 14장 28절의 해석에 있어서 두 가지 가능성을 열어 놓았다. 즉 예수는 예루살렘에 머물러 있는 제자들을 갈릴리로 이끌게 될 것이라는 뜻과 시간적인 의미로 해석하여 부활 후 제자들보다 먼저 예수가 갈릴리로 갈 것이라는 뜻으로 해석될 수 있다고 보았다.[36] Goppelt는 부활한 예수의 최초의 현현은 베드로와 그의 동료들이 고향으로 다시 돌아와 바다에서 일하고 있을 때 베드로에게 나타났다고 본다.[37] 제자들은 흩어져서 고향인 갈릴리와 유대로 되돌아갔음에 틀림없을 것이라고 주장하고, 부활 현현의 장소가 나중에 갈릴리로 바뀐 것은 아닐 것이라고 본다. Burkitt는 갈릴리 현현 전승을 거부한다. 왜냐하면 그는 만약 그것이 사실이라면 기독교의 중심은 거기에 남아 있었을 것이고, 예루살렘으로 옮겨지지 않았을 것이라고 생각하기 때문이다. 그는 베드로와 사도들은 예루살렘에서 하루 여행 거리보다 더 먼 곳에는 간 적이 없다는 누가의 견해를 지지한다.[38]

왜 갈릴리로 가야만 할까? 예수는 왜 갈릴리를 선택할 수밖에 없었는

---

35) Haenchen, E., *Der Weg Jesu*, Goettingen 1966, 35ff.
36) Haenche, E. 『앞의 책』, 488.
37) Goppelt, L., *Apostolic and post-Apostolic Times*, 『사도시대』, 박문재 역, 서울: 크리스찬다이제스트 1998, 27.
38) 엘리옷 빈즈, 『앞의 책』, 54.

가? 학자들은 이 물음에 어떻게 대답할까? Calvin은 주님이 부활의 장소로 갈릴리를 택한 것은 친숙한 장소에서 제자들이 자신들의 스승을 쉽게 알아볼 수 있도록 하기 위한 것이라고 본다.[39] Elliot-Binns는 3가지 이유를 들고 있다. 첫째, 갈릴리는 그가 성장한 곳이기 때문이다. 예수가 잘 아는 사람들에게 그의 사명을 전달하기 위해 노력했을 것이라고 추측하는 것이다. 그리고 갈릴리의 기후와 위치는 복음을 전하는 데 유리한 조건을 제공하였다. 둘째, 갈릴리가 예루살렘으로부터 멀리 떨어진 것과 그 주민들의 기질 때문에 거기서 누리게 된 폭넓은 자유 때문이다. 갈릴리인들의 열성적인 기질과 공격적인 자세의 독립정신을 가지고 있었으며, 요세푸스는 그들을 혁신을 좋아하고, 선천적으로 변화하기를 즐기며, 폭동을 좋아하는 자들로 묘사하고 있다.[40] 셋째로, 스미스(G.A.Smith)의 의견을 받아들여 하나님의 나라가 가까이 왔다는 선포를 받아들이기에 용이한 갈릴리인들의 대단한 준비성에 있다. 황성규는 민중 신학적 입장에서 한 가지를 덧붙여 "오히려 갈릴리의 민중적 상황에 대한 관심과 더 나아가 민중과의 연대를 위해서 그리고 팔레스틴 어느 지역보다 갈릴리가 고대 이스라엘의 야웨만의 신앙을 보존하고 전승한 지역"이라는 데서 예수가 갈릴리에서 활동했을 것이고 또 부활하신 것으로 본다.[41]

Gnilka는 마가복음 16장 7절의 편집 구절에 반영되는 마가의 생각을 토대로 해서 갈릴리로 가라는 분부를 이해할 수 있다고 한다. 마가의

---

39) Gnilka, J., 『앞의 책』, 459.
40) Vita 17, Ant. 17.10.5; 20.6.1; Bell. Jud. I, 16.5.2; 17.8.
41) 황성규, 『앞의 책』, 133.

생각에 따르면 "갈릴리는 지상에서의 예수의 활동의 중심지였으며", "예수가 지상 활동을 한 지역에서 부활한 예수를 본다는 것은 예수를 완전히 이해할 수 있음을 의미 한다"는 것이다.[42] 즉 Gnilka는 갈릴리로 가라는 분부가 갈릴리가 예수의 활동의 중심지임을 강조하려고 한다는 것이 마가의 생각이라는 주장이다.[43]

위에서 본 바와 같이 굳이 갈릴리가 예수의 부활 현현의 장소가 되는 이유는 예수 사역의 중심지였고, 그 부활을 가장 확실하게 증명해 줄 수 있는 사람들이 있는 장소이기 때문이다.

5. 갈릴리 공동체

1) 최초의 공동체: 갈릴리 공동체

'갈릴리 공동체'는 최초의 그리스도교 공동체이다. 갈릴리 중심의 예수 공생애와 제자들의 사역을 중심으로 형성되었다. 이 공동체는 마태복음과 누가복음의 공통 자료인 예수말씀 복음서 Q를 수집하고 전승시킴으로써, 초기 그리스도교의 공동체들에 중대한 영향을 미친 공동체이다. 그래서 학자들은 갈릴리 공동체를 '예수의 공동체', '제자들의 공동체', 혹은 예루살렘 초대 교회와 구별하여 'Q공동체'라고 한다.[44]

---

42) Gnilka, J., 『마르코 복음 2』, 454.
43) 황성규, 『예수 운동과 갈릴리』, 35.
44) 소기천, 신약성서 시대의 그리스도교 공동체, in: 차정식 외, 『신약성서개론』, 서울: 대한기독
교서회 2002, 115.

2) 예루살렘 모 교회의 주 구성원으로서의 갈릴리 사람들

예루살렘은 누가 문서에서 특별한 의미를 지니고 있다. 누가복음 24장에 보면 제자들이 예루살렘에서 큰 기쁨으로 머물고 있다(눅 24:52). 부활한 예수는 제자들에게 말하길 "예루살렘을 떠나지 말고 내게 들은 바 아버지의 약속하신 것을 기다리라" (행 1:4)고 권면한다. 누가의 기술에 따르면 죄 사함을 얻게 하는 회개가 예루살렘으로부터 시작되어 모든 족속에게 전파되어야 하기 때문이다(눅 24:47). 이어지는 사도행전 1장에서의 부활한 예수와 제자들과의 대화는 "예루살렘-온 유대-사마리아-땅 끝(로마?)"에서 제자들이 증인되어야 할 것을 선언하며, 사도행전의 구성도 그렇게 진행되어지고 있다.

하지만, 그 구성원은 정작 예루살렘 출신이 아니라 갈릴리 출신 사람들이 핵심적인 역할을 한다고 누가 문서는 언급하고 있다. 먼저 사도행전 1장 11절에서 흰 옷 입은 두 사람은 모여 있는 제자들을 가리켜 "갈릴리 사람들아" 라고 부르고 있으며, 2장 7절에서도 "이 말하는 사람이 다 갈릴리 사람이 아니냐?" 라고 말하고 있다. 그 외에 예수의 증인, 또는 예수 부활의 증인으로서의 조건 중 하나는 '갈릴리로부터 예루살렘으로 올라간 사람들' 이라고 말한다: 13장 31절 - "갈릴리로부터 예루살렘에 함께 올라간 사람들에게 여러 날 보이셨으니 저희가 이제 백성 앞에 그의 증인이라".

Elliot-Binns는 갈릴리 공동체의 많은 사람들이 예수와 함께 같이 예루살렘으로 갔지만, 예루살렘에 남은 사람은 고작 120명뿐이었으며, 갈릴리에서 예수가 현현했다는 것을 바울이 보도한다고 주장한다(고전

15:6). 그리고 고전 15:6에서 "오백여 형제들"에게 현시하셨다는 것은 갈릴리 공동체의 존재를 말한다고 지적한다.[45] Seidensticker라는 학자도 예수의 15장 6절의 오백여 형제들에게 현현은 갈릴리에서의 부활절 만남(마 28:16ff.)에 관한 언급이라고 본다.[46]

3) 갈릴리 교회

사도행전 9장 31절은 갈릴리 교회에 대한 최초이자 유일한 언급이다.

행 9장 31절 - "그리하여 온 유대와 갈릴리와 사마리아 교회가 평안하여 든든히 서 가고 주를 경외함과 성령의 위로로 진행하여 수가 더 많아지니라".

Elliot-Binns는 주후 70년 예루살렘의 함락에 이르는 사건들 이전의 갈릴리 교회에 관한 직접적인 증거는 매우 빈약하며, 아마도 후대에 유대 기독교인들의 기술은 삭제되었을 것이라고 추측한다.[47]

초기의 갈릴리 기독교인들의 조직에 관하여 우리는 정확한 지식을 거의 가지고 있지 못한다. Knox는 얼마동안은 예루살렘의 교회가, 비록 갈릴리에 고립된 기독교인이 있었을 지라도, 유일하게 조직된 기독교 공동체였다고 본다.[48] 다른 지역에 있는 교회 조직은 열두 사도와 예루살렘으로부터 파송된 자들이 선교한 선교의 결과였다고 한다. Streeter는 예루살렘에서 열 두 명 중 몇몇은 갈릴리로 돌아왔을 것이라고 생각한

---

45) 엘리옷 빈즈, 『앞의 책』.
46) Ph. Seidensticker, Zur Aussageweise 'Jesus ist (von den Toten) auferstanden', *BZ* XIII (1969), 7.
47) 엘리옷 빈즈, 『앞의 책』, 59.
48) Knox, St. Paul and the Church at Jerusalem, 1.7.

다.[49] 그는 더 나아가 예루살렘에만 성찬식이 있었고 각처로부터 온 유대 기독교인들은 그들이 수도에 모였을 때에만 성찬에 참여할 수 있었을 것이라고 생각한다.[50] 그는 많은 갈릴리인들이 그들 자신의 지방에서 교회가 조직될 때까지 예루살렘에 남아 있었다고 생각한다.[51]

Elliot-Binns는 야고보서가 갈릴리에서 유래한다고 본다. 이 같은 전제에서 우리는 그곳에 있는 기독교인들이 그들 자신의 회당을 가지고 있었고(약 2:2) 그들 나름의 교회 장로들을 모시고 있었다는 것을(약 5:14) 발견한다.

사도행전 9장 31절의 특징은 1장 8절과 비교하였을 때 '갈릴리' 가 첨가되어 나타난다는 것이다. 사도행전의 구조는 1장 8절에 나타나는 바와 같이 '예루살렘 - '온 유대 - '사마리아 - 땅끝 (로마)까지 이어지는 복음의 확장 구도대로 쓰여 있다. 그렇다면 1장 8절과 9장 31절은 왜 이런 차이가 날까? 그 이유를 먼저, Lohmeyer는 갈릴리가 1장 8절에 언급되지 않은 것은 "갈릴리인" 은 그리스도의 백성이요(populus christianus), "갈릴리 "는 그리스도인의 땅(terra christiana)이었기 때문이라는 것이다.[52]

갈릴리 교회에 대한 분명하고도 유일한 언급은 사도행전 9장 31절이다. 즉 유대와 갈릴리와 사마리아 전역에 퍼진 교회는 바울의 회심 이후에 그 터전을 잡았다는 기술이다.

Elliot-Binns는 누가는 가끔 그곳을 유대에 포함시키는 경우가 있다는

---

49) Streeter, The Four Gospels, 233
50) 엘리옷 빈즈, 『앞의 책』, 85.
51) 엘리옷 빈즈, 『앞의 책』, 89.
52) Lohmeyer, E., 『앞의 책』, 33.

점에 주목한다. 누가가 고전적 작가에게서 발견되는 평범한 관례를 따르고 있다고 본다. 즉 헤롯 아그립바 왕의 영토가 로마 총독의 관할 구역으로 넘어갔을 때 "비록 그곳이 사마리아와 갈릴리의 일부 지방을 포함했을지라도" 가끔 유대로서 언급되고 있다는 예를 들고 있다(Tacitus Annales xii, 23, Hist. v.9, Suetonius Claudius xxviii).[53] 그는 또한 8장 1절의 기독교 박해 결과로 기독교인들이 예루살렘으로부터 유대와 사마리아로 뿔뿔이 흩어졌다고 기록되어 있다는 점에 착안하여 갈릴리가 여기에 언급되어 있지 않을지라도 틀림없이 피난처에 포함되었으리라고 보는 것이다. 그 이유는 누가는 가끔 그곳을 유대에 포함시키는 경우가 있기 때문이다. 고전적 작가들에게서 발견되는 관례가 입증하고 있다. 즉 헤롯 아그립바의 왕토가 로마 총독의 관할 구역으로 넘어갔을 때 "비록 그곳이 사마리아와 갈릴리의 일부 지방을 포함했을 지라도" 가끔 유대로서 언급되었기 때문이다.[54]

Haenchen은 누가가 갈릴리의 기독교 전파에 대해서는 아무런 재료도 가지지 못하고 있었던 것으로 보인다고 말한다.[55] 즉 누가가 이제야 비로소 갈릴리에 기독교 공동체가 생겨났다고 가정한다는 것이다. Lüdemann도 누가가 여기서 갈릴리 공동체를 언급하는 것은 흥미롭다고 여긴다. 왜냐하면 전에도 후에도 갈릴리 공동체에 대한 언급을 찾아볼 수 없기 때문이다.[56] 그리고 Barrett는 사도행전에서 갈릴리에 대해 침묵하는 것은 한 교회가 이미 설립되었다는 것을 의미하는 것이 아니라

---

53) 엘리옷 빈즈, 『앞의 책』, 57.
54) 엘리옷 빈즈, 『앞의 책』, 57.
55) Haenchen, E., 국제성서주석, 『사도행전 I』, 493; Roloff, J., *Apg*, 157.
56) Luedemann, G., *Apg*, 125.

그 지역에 아주 적은 기독교인이 존재했다는 것을 의미한다고 말한다.[57] Schlatter는 갈릴리 교회가 예수 자신께서 역사하신 기초 위에서 성장했다고 해서 그는 그것에 특별한 배려를 하는 것이 아니요, 그것은 단지 유대와 사마리아와 더불어 팔레스틴 교회의 지체로서 불려지고 있는 데 지나지 않는다고 본다.[58] Roloff는 "누가에게 유대와 갈릴리는 아주 밀접하게 연관되기 때문"[59] 이라고 설명한다.

Jervell 같은 학자는 이 부분에 대해 분명히 단정 짓기를 주저하고 있으며,[60] Zmijewski와 Schneider는 "온 유대"에 갈릴리 교회를 포함시켜 해석하고 있다.[61] 그리고 Eckey는 눅 4:14-15에서 예수에 의해, 그리고 눅 9:1-6에서 사도들에 의해, 그리고 10:1-20절에서 70제자들에 의해 하나님 나라가 선포된 것으로 보고 있다. 그러므로 이미 예수 사역 당시 복음화 된 것으로 본다.[62] Mussner는 갈릴리 교회가 고전 15장 6절에 나타나는 500여 형제를 가리킬 수 있다고 조심스럽게 짐작한다.[63]

이상의 학자들의 견해를 종합해 보면, 대부분 누가가 갈릴리 교회에 대해서는 처음 언급하고 있다는 점에서 일치하고 있으며, 그 갈릴리 교회를 따로 보느냐, 아니면 '온 유대'에 속한 것으로 보느냐 하는 것에서 의견이 달라지고 있다.

---

57) Barrett, C.K., *Acts* I, 473.
58) Schlatter, A., *Apg*, 123.
59) Roloff, J., *Apg,* 157; Schneider, G., *Apg* II, 40.
60) Jervell, J., *Apg*, 294.
61) Zmijewski, *Apg* 392; Schneider, G., *Apg* II, 40.
62) Eckey, W., *Apg* II 226.
63) Mussner, F., *Apg*, 59-60.

Ⅲ. 닫는 말

우리는 위에서 갈릴리 공동체에 대해 살펴보았다. 갈릴리 공동체의 존재 유무를 떠나 기초적으로 갈릴리가 어떤 곳이며, 신약에 언급되는 갈릴리 사람들에 대해서도 살펴보았다. 천혜의 자연 조건을 가지고 있었지만, 정치적인 불안정으로 인해 경제적으로 어려움을 겪고 있었으며, '이방 갈릴리'라 불리고, 그 말투로도 괄시받는 자들이 갈릴리 사람들이었다. 그러나 그들은 예수 그리스도의 복음을 가장 먼저 들었던 자들이고, 예수의 제자들이었고, 예루살렘에서의 십자가 처형에 까지 동행한 여제자들도 있었다. 그리고 성령을 받아 초대교회 예루살렘 교회 공동체의 가장 핵심 인물들로서 활동했던 자들이다. 그러나 갈릴리 공동체의 존재에 대해서는 뚜렷한 학문적 성과나 자료가 없는 것이 현실이다. 다만 Q자료를 통해 재구성하려는 시도를 하고 있다. 아마도 그 공동체는 유대적인 성향이 강한 공동체였을 것이며, Elliot-Binns같은 학자가 주장하듯이 주의 형제 야고보가 지도자로 활동했을 것이다. 이 공동체가 가장 중요한 의미가 있다면, 이후에 나타난 예루살렘 공동체와 안디옥 공동체에 많은 영향을 주었을 것이기 때문이다.

신약에서 갈릴리를 강조하여 드러내는 복음서는 위에서 본 바와 같이 마가복음이었다. 마가복음의 갈릴리 강조를 토대로 Lohmeyer같은 학자는 마가시대 갈릴리는 그리스도인의 땅(terra christiana)이며 예루살렘과 경쟁하는, 다메섹에 중심을 두었을 원시 교회 공동체의 근거지라고 본다.[64]

결론적으로 우리는 Gnilka가 주장하는 것처럼 갈릴리 공동체에 대해 많이 알고 있지 못하며, 마가가 전해주는 갈릴리 상을 통해 전체 갈릴리 공동체를 올바로 이해하기에는 부족한 점이 많이 있다. 사도행전 9장 31절에서 보여 주는 바와 같이 사도행전의 저자 누가도 '갈릴리 교회'에 대해 구체적인 전승을 확보하지 못한 것으로 보이기 때문이다.

✺ 참고 문헌

김경진, 『누가 신학』, 서울: 기독교 연합신문사 2005.

김득중 편저, 『마가복음 연구』, 도서출판 나단 [3]1992.

이상근, 『마태복음 주석』, 서울: 성등 출판사 [22]1994.

이상근, 『사도행전 주석』, 서울: 성등 출판사 [22]1994.

진천건삼/ 김명식 역, 『원시 그리스도교 연구』.

차정식 외, 『신약 성서 개론』, 대한기독교서회 2002.

황성규, 『예수운동과 갈릴리』, 한국신학 연구소 1995.

Barrett, C.K., *The Acts of the Apostles*, I / II (ICC), Edinburgh 1994 / 1998.

Bösen, W., *Galiläa als Lebensraum und Wirkungsfeld Jesu; Eine zeitge-schichtliche und theologische Untersuchung*, 『예수 시대의 갈릴래아』, 황 현숙 역, 천안: 한국신학연구소, 1998.

Dalman, G., *Orte und Wege Jesu*, Bd. I, Gütersloh [3]1927.

Eckey, W., *Die Apostelgeschichte*, 2 Bde., Neukirchen-Vluyn 2000.

Elliot-Binns, L.E./ 황성규 역, 『갈릴리 기독교』, 대한기독교 출판사 1985.

Gnilka, J., 『마르코복음 1. 2』. 번역실 역, 서울: 한국신학연구소, 1990.

---

64) Lohmeyer, E., 『앞의 책』 여러 곳 참조; Gnilka, J., 국제성서주석, 『마르코 복음 I』, 85 재인용.

Haenchen, E., *Der Weg Jesu*, Goettingen 1966.

Haenchen, E., *Die Apostelgeschichte* (KEK 10 −16 III), Göttingen 1956. [7]1977.

Kelber, W.H,, *The Kingdom in Mark*, Philadelphia: Fortress 1974.

Jervell, J., *Die Apostelgeschichte* (KEK 3), Göttingen [17]1998.

Lohmeyer, E., *Galiläa und Jerusalem*, Göttingen 1936.

Lüdemann, G., *Das frühe Christentum nach den Traditionen der Apostelgeschichte*. Ein Kommentar, Göttingen 1987.

Marxsen, W., *Der Evangelist Markus*, Goettingen [2]1959.

Mu β ner, F., *Apostelgeschichte* (NEB NT 5), Würzburg 1984.

Roloff, J., *Die Apostelgeschichte* (NTD 5), 181988.

Schenke, L., *Studien zur Passionsgeschichte des Markus*.

Schlatter, A., *Die Apostelgeschichte* (Erläuterungen zum NT 4), Stuttgart 1913. [4]1962.

Schmithals, W., *Die Apostelgeschichte* (ZBK. NT 3.2), Zürich 1982.

Schneider, G., *Die Apostelgeschichte* (HThK V/1-2), Freiburg / Basel / Wien 1980. 1982

Schweitzer, Ed., *Matthäusevangelium*, Göttingen.

Seidensticker, Ph., *Zur Aussageweise 'Jesus ist (von den Toten) auferstanden'*, BZ XIII (1969).

Strack/Billerbeck, *Kommentar zum Neuen Testament aus Talmud und Midrasch*, Bd. I.

Theissen, G./ Merz, A., *Der historische Jesus*, 손성현 역, 『역사적 예수』 , 서울: 다산 글방 2001.

Zmijewski, J., *Die Apostelgeschichte*, Regensburg 1994.

06

갈릴리의 성지

*** 이은성 연구원

갈릴리의 성지

이은성 연구원[1]

1. 갈릴리 호수

갈릴리 호수는 물이 귀한 이스라엘 최대의 수원지이자 생명의 젖줄이며 이스라엘에서 자연 경관이 가장 아름다운 곳이다. 갈릴리는 북쪽에 있는 헐몬산의 눈이 녹으면서 흘러내린 요단강이 모여서 이루어진 호수이다. 호수의 크기는 남북의 길이가 21km, 동서의 폭이 14km, 넓이는 약 170㎢이며, 호수의 둘레는 50km가 된다. 호수의 표면은 해수면보다 210m가 낮다. 호수의 모양이 하프모양으로 생겼다고 해서 긴네렛 호수라고 지칭하기도 하며, 유대인들이 바벨론에게 멸망한 후에는 겐네사렛(게네사렛) 호수라고도 불렀다. 주후 17년에 헤롯 안디파스가 이 지역에서 가장 큰 도시인 디베랴를 세웠는데, 이 도시의 이름을 따서 디베랴

---

1) 영남신학대학교 성지연구소 전임연구원

바다라고도 부른다. 갈릴리에는 바스(Bass)라고 하는 물고기가 있는데, 흔히 베드로 고기라고 한다.

갈릴리는 예수님이 성장한 지역이고, 공생애를 시작하신 곳이다. 이곳에서 어부들을 제자로 부르셨고, 갈릴리 연안에서 말씀을 전하셨다. 병자를 고치시고 기적을 행하셨으며, 이 호수가의 배를 이용하여 자주 왕래하시기도 하셨다. 풍랑을 잔잔케 한 기적이나, 물 위를 걸은 자연 기적도 이곳을 배경으로 하고 있다.

〈갈릴리 호수〉

갈릴리는 갑자기 불어오는 풍랑으로 유명한데, 헐몬산에서 내려오는 찬 기운의 바람 때문이라고 하며, 최근 예수님 당시의 배를 발견(1986년)하여 인근의 한 키부츠에 보관하고 있다. 배는 두께 3cm의 나무로 만든 길이8m, 폭 2.3m의 목선이다.

〈골란고원의 평지〉

2. 샬롬 전망태

갈릴리 호수의 전 지역을 볼 수 있는 전망대이다.

<전망대에서 본 갈릴리 북쪽>

3. 헐몬산(Mt. Hermon)

이스라엘 최북단에 있는 해발 2814m의 산으로, 시리아와 레바논과의
국경지역에 있다. 연중 강수량은 1500mm이상이며, 대부분이 눈으로
내린다. 겨울 동안 내린 이 눈은 여름이 되면서 서서히 녹아 지표면

아래로 스며들고, 다시 헐몬산 주변의 샘들을 통하여 흘러나온다. 이러한 샘들은 갈릴리 호수로 유입되는 수원지가 된다.

〈헐몬산〉

4. 가이사랴 빌립보

유명한 베드로의 신앙고백 장소(마 16:13~20, 막 8:27~30)로, 헐몬산 남서쪽에 위치한다. 현재는 바니아스라고 부르며, 그리스 목자들의 신인 판을 섬기는 신전이 있었다고 해서 이렇게 불린다.

〈가이사랴 빌립보의 샘물〉

　기원전 20년 헤롯대왕이 로마 황제를 기념하기 위해 흰 대리석으로 신전을 세워 아우구스투스에게 바쳤고, 그의 아들 헤롯 빌립이 이곳을 확장하여 아름답게 꾸민 후에 수도로 삼고 그 이름을 가이사랴 빌립보로 바꾸었다. 즉, 로마 황제의 가이사와 자신의 이름인 빌립을 합해서 가이사랴 빌립보라 부른 지역이다. 이곳은 그리스의 신전이 세워진 헬라문화의 중심지였고, 지금도 찬란했던 신전의 유적이 남아 있다.

　신전 바로 밑에는 헐몬산의 샘이 콸콸 솟아나고 있다.

〈가이사랴 빌립보〉

〈바니아스 폭포〉

〈가이사랴 빌립보의 판 신전〉

5. 텔 단

단은 언덕이라는 의미를 가진 '텔' 이 붙어서, 이스라엘의 도시였던 단의 유적지를 나타내는 말이다. 단은 갈릴리의 북부 지역에 있으며, 이스라엘의 전통적인 북쪽 경계를 이루는 도시였다. 원래 단 지파는 팔레스타인 남쪽 해안 지방을 할당 받았는데, 해안에 이미 정착해있던 블레셋 사람들 때문에 그곳에 자리 잡을 수 없었다. 그래서 단 지파는 할 수 없이 북쪽으로 올라가서 맑은 샘물이 끊임없이 흘러나오고 울창한 나무숲이 우거진 도시였던 레센(수 19:47), 또는 라이스(삿 18:29)를

〈텔 단의 샘물〉

점령하고, 자신들의 지파 이름을 따서 이 도시를 단이라 명명하였다. 요단강의 이름은 분명치는 않으나 "단에서부터 흐르다" 라는 뜻의 히브리어인 "요레드 단" 에서 비롯된 것으로 보인다.

　현재 이곳은 자연림으로 조성된 이스라엘의 국립공원이며, 이 안에는 고대의 성벽과 성문(높이 12m)이 있다. 그리고 여로보암이 벧엘과 함께 우상을 만들어 놓았던 장소이기도 하다. 이런 이 지역이 유명하게 된 것은 1993년 7월 21일, 한 발굴자가 성문 밖 광장의 나지막한 돌담을 파헤치던 중 잘 다듬어진 새카만 돌 조각 하나를 발견하면서부터였다.

대부분 구조물들이 냇물에 다듬어진 매끈한 석회암이기 때문에 이 조각은 쉽게 눈에 띄었다고 한다. 길이 32cm, 폭 22cm의 이 조각에는 히브리어와 모양이 비슷한 고대 아람어가 13줄 새겨져 있었는데, 9번째 줄에는 '벤 다비드', 즉 '다윗 왕조'라는 단어가 있었다. 이는 구약성서 이외의 기록에서 '다윗'이라는 단어가 처음으로 나타난 것이었고, '다윗'의 역사적 사실에 관한 논쟁이 뜨겁게 이어지게 되었다.

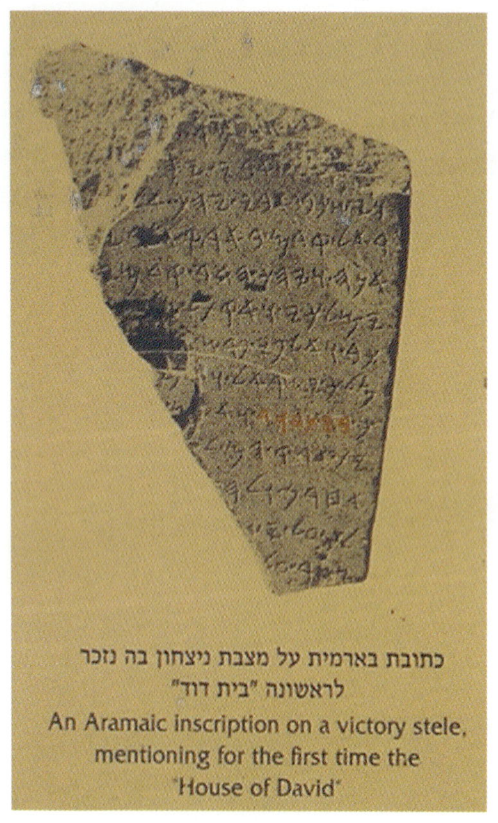

〈석비 조각에 대한 안내문〉

〈텔 단의 신전 터〉

〈텔 단의 성문에 있는 왕의 자리〉

6. 가버나움(Capernaum)

갈릴리 호수의 북쪽 연안에 있는 가버나움은 예수님의 공생애 사역과 가장 밀접한 관계가 있는 곳이다. 예수님이 이곳에서 살기도 했고, 유대인 회당에서 가르치기도 하셨다. 또한 베드로의 장모가 열병에 걸렸을 때에 치유하기도 하셨고, 귀신 들린 자, 손 마른자, 중풍병자 등 많은 환자들을 치유하기도 하셨다. 그러나 이런 많은 기적에도 불구하고 예수님을 받아들이지 않았기 때문에, 결국 고라신과 벳새다와 더불어 저주받은 마을이 되었다(눅 10:15).

〈가버나움 입구의 베드로 상〉

〈가버나움 회당의 내부〉

가버나움은 1905년에 발굴되었다. 이곳에서 발굴된 유물 가운데는 2~3세기로 거슬러 올라가는 직사각형의 유대인 회당이 있으며, 회당의 기초 밑에는 예수 시대로 거슬러 올라가는 더 오래된 회당이 묻혀 있는 것으로 추정된다.

〈가버나움 회당〉

〈가버나움에 있는 연자 맷돌〉

7. 가버나움 베드로 교회

교회의 아래에는 예수님께서 베드로 장모의 열병을 고치신(마 8:14~15) 베드로의 집터가 있다. 그리고 그 집터 위에는 유적을 보존하기 위한 방법으로 기둥을 세워 교회를 만들었다.

〈가버나움 베드로 교회〉

8. 오병이어 기념 교회

　'타브가(7개의 샘)'라고 하는 지역에 있는 교회로서, 오병이어의 기적을 기념하기 위해 세운 교회이다. 이 교회는 1930년대에 독일의 고고학자들이 기원후 4세기의 교회의 유적을 발견하면서 알려졌고, 교회의 바닥이 전부 모자이크로 장식되어 있다. 그 중에서도 두 마리의 물고기와 둥근 모양의 떡들이 그려진 모자이크를 통해, 이곳이 바로 예수님의 오병이어 기적을 묘사하고 있는 교회라고 알려지게 되었다.

〈오병이어 교회〉

〈오병이어 교회의 모자이크〉

9. 베드로 수위권 교회

이 교회 역시도 타브가 지역에 위치해 있다. 이곳에는 부활하신 주님이 베드로를 만나 사랑을 확인하며 식사하신 장소(요 21:1~23)를 기념하여 교회가 세워졌다. 교회에는 4세기 비잔틴 시대의 교회 벽면이 보존되어 있고, 1933년 프란시스코 수도회에서 다시 교회를 세웠다. 교회 안에

는 예수님과 베드로가 함께 앉아 식사하며 대화하였다고 하는 커다란
바위(멘사 크리스티: 그리스도의 식탁)가 있고, 이 바위에서 베드로가
예수님에게 수위권을 받았다고 한다. 교회 앞의 정원에는 예수님과 베드
로의 모습이 동상으로 세워져 있다.

〈베드로 수위권 교회〉

〈베드로 수위권 교회 앞에 있는 동상〉

〈베드로 수위권 교회의 내부〉

10. 팔복교회

이 교회는 산상수훈 중 8가지의 복(마 5:1~12)에 대한 예수님의 가르침을 기념하기 위해서 세워졌다. 갈릴리 주변에 세워진 교회 중에 가장 전망이 좋은 장소에 세워졌고, 타브가 지역의 푸른 언덕 위에 자리 잡고 있다. 이 교회 역시도 비잔틴 시대(기원후 5세기경)의 교회 유적지 위에 새롭게 교회를 건축하여(1937년), 현재는 프란시스코 수녀회에 속해 있다. 교회의 구조는 팔각형으로 되어 있고, 내부에는 한 면에 하나씩 팔복을 라틴어로 기록해 놓았다.

〈팔복 교회〉

〈팔복 교회에서 본 갈릴리〉

11. 고라신

  고라신은 가버나움에서 북쪽으로 4km 떨어져 있으며, 가버나움과 벳새다와 함께 예수님이 사역하셨던 3대 중심 마을이었다. 이 지역은 산 전체가 검은색 현무암으로 되어 있고, 유적 역시도 현무암이다. 현재 는 회당의 유적이 남아있는데, 이것은 기원후 2~3세기에 지어진 것으로, 가버나움의 회당과 같은 시기의 것이다.

〈고라신의 회당 터〉

회당 안에는 상석인 "모세의 자리"(마 23:1-2)가 있으며, 회당으로 올라가는 계단은 천천히 경건한 마음으로 들어갈 수 있도록 두 계단은 좁고, 한 계단은 넓도록 폭을 조정해 놓았다. 그러나 회당의 기둥에는 이상하게도 이방의 무늬들이 새겨져 있으며, 메두사의 문양도 볼 수가 있다. 이는 회당이 아마도 외부의 영향을 받았음을 보여주는 듯하다.

〈고라신 회당에 있는 모세의 자리〉

〈고라신의 회당 안에 있는 메두사의 문양〉

11. 요단강 세례 터

갈릴리 호수에서 요단강으로 물이 흘러가는 지점에 있으며, 긴네렛 키부츠에서 만들어 놓았다. 이곳은 예수님께서 세례 받으시던 모습을 생각해 볼 수 있는 좋은 장소이기는 하지만, 예수님이 세례를 받으셨던 곳은 아니다.

〈요단강 세례 터〉

12. 가나 혼인잔치 교회

요한복음에 의하면, 가나는 예수님이 결혼식에 참석하여 처음으로 기적을 베푼 장소이다. 그리고 왕의 신하를 고쳤으며(4:46), 예수님의 제자인 나다나엘의 고향(21:2)이기도 하다. 가나는 갈릴리에서 나사렛으로 가는 도중에 위치해 있으며, 나사렛으로부터 약 7km 떨어진 가까운 거리에 있다.

〈가나 혼인잔치 교회〉

결혼식이 행해졌다고 하는 장소에는 기원후 4세기에 교회가 처음으로 세워졌고, 현재의 교회는 1879년에 재건된 가톨릭 소속의 프란시스코 교회이다. 이 교회의 지하에는 로마시대의 돌 항아리가 있는데, 예수님 당시에도 이와 비슷한 돌 항아리가 사용되었을 것으로 추측된다.

〈가나 혼인잔치 교회의 내부〉

〈돌 항아리〉

13. 마리아 수태고지 교회

성경에서는 예수님을 흔히 나사렛 예수(마 26:71, 눅 18:37, 요 18:5)라고 하는데, 이는 예수님이 이곳에서 자랐기 때문이다. 나사렛은 갈릴리 지방에서 매우 오래된 마을 중의 하나이지만, 구약성경에는 한 번도 언급이 안 된다. 그만큼 당시에는 가나 보다 작고 보잘것없는 마을이었을 것이다.

현재의 교회가 세워진 곳은 천사 가브리엘이 마리아에게 수태의 사실을 알린 장소라고 한다. 즉 마리아가 살던 집터라고 하는 곳에 현재의 마리아 수태고지 교회가 세워졌다. 이 교회는 콘스탄티누스의 어머니인 헬레나의 요청으로 326년에 처음 세워졌으나, 다른 지역처럼 많은 우여곡절을 겪은 후에 현재는 1955~1968년에 지어진 다섯 번째의 가톨릭교회이다. 이 교회는 20세기의 가장 뛰어난 교회 건축가라는 지오바니 무치오가 설계하였으며, 이스라엘에서 가장 큰 기념교회이다.

〈마리아 수태고지 교회〉

교회 안에는 수태고지 동굴이 있으며, 뜰에는 세계 각국에서 보내온 마리아와 예수님의 성화들이 있다. 이 성화는 각 나라와 민족들이 그들의 문화에 따라 표현한 성모와 성자의 모습인데, 우리나라에서는 한복 입은 마리아가 색동저고리를 입은 예수님을 안고 있는 모습을 모자이크로 제작하였다. 그리고 교회의 앞 뜰에는 가브리엘 천사가 마리아에게 수태를 고지하는 모습의 동상이 세워져 있다.

〈한국에서 보낸 모자이크 그림〉

〈가브리엘 천사와 마리아 상〉